ゼロから学べる学級経営

若い教師のための
クラスづくり入門

長瀬拓也 著

明治図書

はじめに

●この本に込めた願い

本書は、

・初めて担任をもつ先生
・担任をもって苦労している若い先生
・さらにクラスをよくしていきたい先生
・今までの学級経営を見直してみたいベテランの先生
・これから先生になりたい方や学級経営に興味・関心のある方
・若い先生を育てていく立場の先生

が学級経営について学び、自分自身の学級をよりよくしていくための**学級経営の「入門」書**です。

今は、大学で学級経営について学ぶ機会が増えてきていると思います。しかし、私自身は大学で学級経営を学ぶことはほとんどありませんでした。何も知らずに学校現場に入り、とっても苦労したことを覚えています。

初任の頃、

「学級経営が大切だ」

とまわりの先生に言われました。しかし、何をどうやって学べばいいか分からず、途方にくれていたことを思い出します。

そうした中で、たくさんの本を読みました。でも、私に合う学級経営についての入門書をなかなか見つけることができませんでした。そこで、学校現場で多くの先生から教えてもらい、経験しながら学んできました。また、サッカーや野球のチームづくりの本や監督術、コーチング、マネジメントなどの本からも学んできました。

私自身、まだ教職経験は十年ほどしかありません。常にクラスのことで考えたり、悩んだりしています。うまくいかず、苦しむこともたくさんあります。しかし、教師として発展途上の私があえて「入門」書を書くことで、苦しんでいる若い先生の気持ちに立つことができ、少しでもお役に立てるのではないかと考えています。

●この本の特徴

本書では、学級経営に必要な要素を、

G：ゴール・・・クラスの目標や願い・思い
S：システム・・・クラスを動かす仕組み
R：ルール・・・クラスの約束
R：リレーション・・・クラス内の関係づくり
C：カルチャー・・・クラスの文化・雰囲気づくり

という5つの視点に分けて考え、その視点をもとに省察する（振り返りながら学んでいく）ことを提案しています。頭文字をとって、SRRC＝G《サークジー》モデルと呼んでいます。

この5つの視点は実はつながり合っていて、個別に存在するわけではありません。しかし、本書では、あえて5つの視点に分けて考えていくことで、学級経営についてどの先生でも考えたり、取り組んだりできるのではないかと期待しています。

ただこの提案（SRRC＝G）はまだ研究途中の段階です。

つまり、本書は素晴らしいベテラン教師の教育実践の集大成ではありません。読者の皆さんと一緒に学級経営について学んでいこうとする本だと考えています。
本書を通じて、読者の皆さんの学級づくりに少しでもお役に立てれば幸いです。一緒に素敵な学級を創っていきましょう。

二〇一三年十一月九日

長瀬拓也

もくじ

2章 学級経営のゴールを立てる

3章 学級経営のシステムをつくる

4章 学級経営を支えるルールをつくる

5章 学級経営の基本としてのリレーションをはぐくむ

6章

学級の風土を育てるカルチャーを生み出す

1章

学級を経営する前に

S システム　R ルール　R リレーション　C カルチャー　G ゴール

学級経営は、大学で学ぶことはあまりなく、現場に入って見よう見まねで学ぶというのが一般的です。でも、それでは若い先生は困ってしまいますし、実際困っていると思いました。私自身も困りました。

また、優れた先生の実践を追試したり、まねしたりしたのですが、学級経営に関してはなかなかうまくいきませんでした。追試することも大切ですが、それだけでは子どもの実態が大きく違うので、不十分だと考えるようになりました。

そこで出会ったのが、「省察」という考え方です。

つまり、自分の実践や子ども達との関わりを振り返り、見つめ、さらに新しい実践をしていくという考え方です。

これは、今までもしていたと思うのですが、意識

してすると学級をさらに見つめていけるようになりました。しかし、どうやって省察すればいいのだろうかと考えたとき、省察の視点が必要ではないかと思うようになりました。

そこで、学級経営について見つめたり、考えたりすることができる視点を考えました。それを、ゴールのG、システムのS、ルールのR、リレーションのR、カルチャーのC、の頭文字をとって、SRRC=Gの視点としています。

1章では、まず、学級経営について考える前に、教師として学ぶことや、SRRC=Gの概要、学び方の基本的な考え方について述べたいと思います。

教師の仕事は学び続けること

学級経営について学ぶ前に、まず教師の仕事について考えてみましょう。

「学ぶことをやめたら、教えることをやめなければいけない」（ロジェ・ルメール）

という言葉があります。フランスのサッカーの監督だった方の言葉です。

学び続けていかないと子どもも教師も学級も成長はありません。また、成長が止まることで学級が厳しくなる危険性があります。

では、教師の学び方において大切なものとはなんでしょうか。

私は、

1. 情報更新　2. 省察　3. 実践

の3つが重要だと考えています。

情報更新

とは、本を読んだり、研修を受けたりし、新しい知識や考え方を手に入れるということです。方法は様々ですが、大切なことは自分に一番適した学び方を身につけることです。また、若い先生にはぜひ、**「職場で学ぶこと」**を大切にしてほしいと考えています。かつて私は、先輩たちが印刷ミスした学級通信やワークシートを参考に「こうすればいいのか」と学んだことがあります。様々な研修会がありますが、一番学ぶべき場は働いている勤務先です。先輩たちは教師として多くの思想と技術をもっています。

省察

とは、簡単にいえば自分自身を振り返ることです。本当にこれでいいのか、さらによくするためにどうすればいいかと考えることが重要です。その上で、省察の仕方も様々ありますが、書いて残すことが大切です。

そして何より、

実践

を積み上げていくことです。一つひとつの子ども達との活動を大切に丁寧に実践していく。これが教師にとって一番大切なことです。あこがれの先生や尊敬する先生を見つけ、追試したり、追体験をしたりすることもおすすめです。

教師の学びは受験のように「絶対的な答え」はありません。自分を見つめ、高めていく作業が必要です。

同僚の先生から学び続ける

同僚の先生からまず学ぶことを大切にしてください。

若い先生に学んでほしいことは、まず、**子ども達への関わり方、話し方、声かけ、指示**などです。

例えば、ベテランの先生が子ども達に話をする時にどのような声かけをするかをよく見て学ぶことが大切です。子ども達との何気ない関わりの中に話し方のコツや指示の出し方のうまさを感じることもできます。また、集団になっている時の並ばせ方や座らせ方など、ちょっとした指示の出し方にも学ぶところがたくさんあります。

また、**仕事の仕方**についてもたくさん学ぶことができます。

仕事がとても早い先生がいます。私は仕事が早く、どんどん先を見て動ける先生の中で、学級経営がうまくいかなかった先生をあまり見たことがありません。たくさんの仕事を終わらせるために、どんな方法を用いているかを学ぶとよいでしょう。

私は、

どんな先生でも素晴らしいところがあり、常に学ぼうとする姿勢が教師を伸ばす

と考えています。

本を読んだり、講演会や研修会に行ったりすることも大切です。しかし、何より大切なことは、同じ職場の先生から学ぼうとする姿勢です。本を書いたり、講演をしたりしている先生のよさも学びながら、校内の先生方からも学ぼうとする、そういった姿勢がとても大切です。

また、同時に

自分らしさ

をいつも忘れないでください。自分らしさ、自分にしかできない学級経営があります。多くの先生から学び続けながら、自分を見つめる

省察

は絶対欠かせません。

子ども達から学び続ける

私の父は教師でした。

若くして亡くなりました。そのため、教師になってから色々教えてもらえなかったことがとても残念です。しかし、父から教えてもらった言葉を今でも大切にしています。

その言葉とは、

子ども達から学ぶ

ということです。

この仕事は

教えるのではなく学ぶ

ことが一番大切だと思っています。

子ども達は色々問題を起こします。

しかし、そうした問題があるから何とかしようと思い、

教師の力が高まる

といえます。

また、**子ども達から新しい発見**が間違いなくあります。

私が大学生の頃から学んでいる、吉永幸司先生の本に、子どもを「みる」視点が書かれています。ぜひ参考にするとよいでしょう。

【参考】

吉永幸司『吉永幸司の国語教室』小学館

〈許諾転載・40頁〉

自分を振り返る省察がとても大切

学級経営について大学で学ぶことは少ないかもしれません。
特別活動や生徒指導や教育相談などの個々の分野は学びます。しかし、集団としての学級をどのようにまとめていくかといった学級集団づくりについてはあまり学ぶ機会はありません。

さらに、学校現場に入れば、教師に対する期待は大きく、どんどん学んだり身につけたりしてほしいことが増えていきます。しかし、個々がつながってはおらず、体系的ではありません。

そのため、見よう見まねで取り組みながら、どんどん学級づくりのネタや指導する内容を増やしていきます。しかし、それらがつながっていなかったり、自分には合っていなかったりすると、うまくいかなくなります。

そのため、

何を学べばいいのか

という内容について**体系的**に視点をもって学ぶことと、学んだあと、自分の実践にどのように生かしていけばよいかといった**省察**がとても大切です。

オランダの教育学者のコルトハーヘンという方の省察のモデルがあります。

こうした省察を繰り返し、自分や子ども達の実践を振り返りながら、次の実践につなげていくことが大切です。

省察モデル※

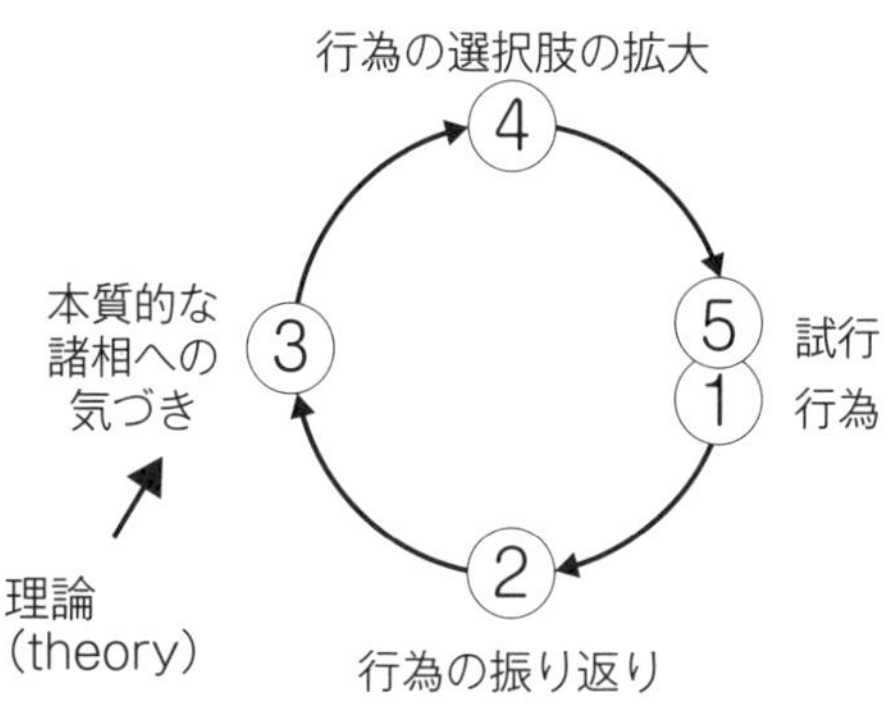

【出典・参考】

※F・コルトハーヘン（編著）武田信子（監訳）今泉友里・鈴木悠太・山辺恵理子（訳）『教師教育学―理論と実践をつなぐアリスティック・アプローチ』学文社

「教師のリフレクション（省察）入門　先生がステップアップするための教員研修」『授業づくりネットワークNo.8』学事出版

学級「経営」とは何かをまず考える

学級「経営」とは一体何か考えることが大切です。

「経営」と聞くと、多くの人は「会社」を思い浮かべると思います。

辞書などでひくと、

方針を定め組織を整えて、目的を達成するよう持続的に事を行うこと。

（三省堂『大辞林　第二版』より）

とあります。

子どもでも、大人でも、何人、何十人も集まれば、

方針を定め、組織を整える

必要があります。

そうしないと目的を達成することができません。

教育実習生の時は、すでに組織化された集団に教えています。指導してくれる先生がしっかりと創り上げた学習する集団に対して授業をします。だから、少しうまくいかなくても授業が成立することがあります。

しかし、年度はじめは、組織化された集団ではありません。

初任の頃、私は、そのことを勘違いし、教えることだけを考え、学級がうまくいかなくなってしまったことがありました。

つまり、担任として学級をもつということは、学級にいる子ども達に

方針を示し、定め、

組織を整え、

持続的な活動

をして、目的の達成を果たすということです。

目的の達成とは、学力と人間力の達成だといえます。どんなに若くても担任になるということは、組織のトップになるということです。組織をつくるという視点が必要です。

学級経営には5つの視点がある

子ども達と教師が学級を経営するためには、省察と

視点

をもつことが大切です。

では、どのような視点が必要でしょうか。

Q－Uという取り組みをはじめ、多くの著書がある河村茂雄先生は

ルール（規律・規範）

リレーション（関係性）

の大切さを説いています。

この2つは、教師も子どもも省察する上で大切なことで、お互いにつくり合っていくものです。

その上で、教師にしかできないことやしなければいけないことがあります。それは、日直や当番、掲示物などといった環境に関わる「提示」です。日直や当番の内容は子ども達が決めて行いますが、その「提示」は教師がまず行う必要があると思います。そこで、こ

うした場をつくるための提示を

システム（提示・仕組み）

としました。

また、学級は、同学年の集団です。集団には、雰囲気があります。例えば、農耕民族と狩猟民族の集団は雰囲気がそれぞれ異なると思います。そうした雰囲気をつくるのは何かを考えた時、

カルチャー（文化・風土）

が浮かびました。学級では「お楽しみ会」などの文化的な取り組みをします。子どもが主体になるこうした活動は、学級にはとても必要なものだと思います。

私は、この4つの視点と1つの核（目標）の頭文字をとって、

SRRC《サーク》＝G《ジー》

と呼ぶことにしました。

次章からは、このＳＲＲＣ＝Ｇの視点に沿って学級経営について考えていきましょう。

2章

学級経営のゴールを立てる

S システム　R ルール　R リレーション　C カルチャー　G ゴール

学級経営を行うにあたってまず最初に考えなければならないことは、目標、つまりゴールです。学級では、学校、市町村、都道府県、そして国の目標や目的に応じてその目標が設定されていきます。

教育基本法には、

（教育の目的）

第一条　教育は、人格の完成を目指し、平和で民主的な国家及び社会の形成者として必要な資質を備えた心身ともに健康な国民の育成を期して行われなければならない。

とあります。

この大きな目標（ゴール）を具体的に達成させるのが学級経営で一番大切なことだといえます。

しかし、学級目標をつくっただけで終わっていた

り、担任として、子ども達にどんなクラスにさせたいかが明示されていなかったりする時があります。

ゴールについて学ぶことは、実は教師としての自分を見つめ直し、学級を経営し、子ども達を育てていく上で大変重要なことなのです。

ゴールの主な観点は

・経営方針の明確化

・目標設定と周知徹底

・学級目標の意義と継続

です。観点としては少ないですが、非常に大切なものです。

明確なゴールをよく考える

学級経営がうまくいくかは、学級を受け持った時に、担任として**どのような目的や目標をもっているか**にかかっていると思います。

これは、サッカーの監督に例えると分かりやすいでしょう。監督で、「とにかく勝つ」ことだけを目的とする人は少ないと思います。つまり、**「どうやって、どんなチームにして、どこまで勝つのか」**と目的や目標、そして方法を考えていきます。大学を出たらすぐ担任になる人も多いですが、保護者の方は一年目であっても待ってはくれません。そのため、もし、学級担任としての経営方針や目的を突然尋ねられたら、まずは自分の考えを言えるようにしたいものです。

私は初任時代、こうしたゴールをもっていませんでした。

クラスが苦しくなって、悩んで、そして、「こういうクラスにしたい」と考えるに至りました。

若い先生や初任の先生は、まず、担任としてどんなクラスにしたいかノートに書き出してみることをすすめます。

その上で、目標を達成するために具体的な方法を考える必要があります。

例えば、「相手を思いやる」という目標であれば、

・プリントなどの渡し方、配り方
・丁寧な言葉づかい
・あいさつ

といった内容をより具体的に指導や指示することを考えなくてはいけません。

一つひとつの活動内容に教育的意味や意義があるかどうかを検討する必要があります。

「相手を思いやる」という目標は子ども達の姿が変容しないと達成できません。

そのため、

・プリントを配る時、「はい、どうぞ」と言って渡せる、配れる
・場や相手を考えて「ありがとう」「失礼します」といった言葉をつかえる
・どの友達・先生でも自分からあいさつができる

といった具合です。こうした姿は意識して指導をしていかないとなかなか子ども達はできるようにはなりません。

つまり、

目標を達成する細やかな指導や配慮

がとても大切になります。

ただし、子ども達への細やかな配慮は口うるさく言うことではありません。指導や指示の目的は、子ども達が「目標のためにがんばろう」と思えるよう励ましたり、ほめたりして気持ちを高めていくことだということです。そのためにもまず、クラスの子一人ひとりの様子を記録したり、メモしたりして意識して見ていくことが大切だといえます。

ありがとう
はい どうぞ
一つひとつの
積み重ね

ゴールには2つある

学級経営のゴールにはどんなものがあるのでしょうか。
私は育成のゴールと、集団向上のゴールという2つのゴールがあると考えます。
まず、育成のゴールについてです。
学校の大きな目標、それは何よりも子どもを育てることです。
それは、

一人ひとりの学力の向上

です。
知識や理解だけではなく、思考力、判断力、表現力といった力も大切です。
こうしたすべての学ぶ力としての向上です。
また様々な人と関わる力、つまり、

人間関係力の向上

も重要です。
こうしたことは、一人だけではなかなか学ぶことができません。

つまり、

集団で学ぶこと

として価値があります。これが学級で学ぶ意義です。

また、学級経営はこうした育成のゴールだけではありません。

学級の集団を学習集団に変える

学級の中の個を伸ばしていく

という

集団を高めるため

のゴールがあります。

私の住む岐阜県では、学級集団から学習集団へという言葉があります。

つまり、

学習できる組織にすること

が大きなゴールといえるでしょう。

常に子ども達にとってベストの選択を

ゴールを目指すにあたって一番大切なこと、それは、

子ども達にとってベストの選択をせよ

ということです。

目の前の子ども達に余裕をもって向き合うことができるようにする、そのために、例えば新年度であれば今何をしたらいいかを始業式までの三日か四日の間で考え、実行していきましょう。時にはリラックスすることも大切です。

そして、何をしたらいいか分からない時はどんどんまわりの先生に聞きましょう。若い先生の大事な仕事、それは、

どんどん先輩に聞く

ことでしょう。

また、

学年で合わせる

ことも時には必要です。なぜなら、学年間の歩調が合っていないと子ども達に不信感が広

がる可能性があるからです。

そのため他の先生の考えと自分の考えとが大きく離れている時は丁寧に説明をし、お互いに納得して変えていくことが大切です。

つまり、

自分だけではなく学年で動いている

ことを考えなくてはいけません。大事なことは、

教員もチームで動く

という意識をもつことです。

それは結果的に子ども達にとってベストの選択になっていくと思います。

常に学級目標に立ち戻らせる

ほぼすべての学級にはクラス目標、つまり、学級目標があります。

しかし、学級目標を大切にしているクラスはすべてではないと思います。

私が子ども達と学級目標をつくる時は、

①教師の思いを伝え

②一人ひとりの子どもの思いを書き

③そこからキーワードを出し

④話し合いながら組み合わせ

⑤学級会で決定する

という方式を使います。

ただし、

学級目標を設定して終わらない

ということがとても大切です。

つまり、

常に学級目標に立ち戻って考えさせる活動

を取り入れる必要があります。例えば、

- **学級目標を朝の会や帰りの会で毎日唱和する**
- **学級目標について月ごとにその達成について自分の状況を書く**
- **学級通信で学級目標を題名の隣に載せる**
- **教師の振り返りで学級目標について話をする**

などといった活動が大切です。

もっと分かりやすくいえば、

様々なところで、事あるごとに学級目標に立ち戻らせる

という指導が大切です。

常にゴール＝学級目標を意識させることで、子ども達の意識の方向が変わっていきます。つまり、自分勝手な視点になってしまったり、仲間との不公平を感じたりする個の視点から、ゴールを意識した公の視点に変えていくことができます。

学級目標はつくってからが勝負

といえるでしょう。

学級びらきで一番大切なことは語ること

4月の学級びらきですべきことは、何といっても

教師の思いを伝える

ことです。

どんなクラスにしたいか、どんなことが正しくて、正しくないか。

4月の学級びらきの時は、子ども達にも緊張感があり、担任の話を聞いてくれるということもあります。しかし、ただ話す、という意識ではなく、

語る

という気概が必要です。

若い先生は、「この先生とやっていきたい」と思わせ、信頼を得るため

子どもの心を奮い起こす

ぐらいに伝えようとする気持ちをもった方がよいと思います。

そして、語ったことを分かりやすく伝えたあとは、シンプルなキーワードで繰り返し伝えていくことが大切です。

例えば、こんな話をします。私はうまく語ることがなかなかできないので、学級通信に書いて読むことを通して伝えています。

君たちにがんばってほしいことがあります。

それは、

見せる・つくる・ひっぱる

です。具体的に言うと

・5年生として高学年の姿を見せる
・5年生として、○○小をつくる高学年になる
・5年生として○○小をひっぱる

です。

まず、5年生としてかっこいい姿、すごい姿、「さすが、高学年だ」と思うような姿をたくさん見せてください。期待しています。こうした姿はたくさんほめます。一方で、

①仲間や他人を傷つけること
②自分を傷つけること

③○○小を傷つけること

は厳しく叱ります。とくに①と②は厳しく叱るのでそのつもりでいてください。

いよいよ、高学年。そして中学生まであと二年。一年後、どんな自分になりたいか、どんなクラスにしたいか、どんな学校にしたいか考え、たくさん成長しましょう。

こうして語ったことがあとの学級目標に生きていきます。つまり、こうした思いを受けて子ども達が学級目標を考えていくことにつながります。子ども達だけの思いや目標に教師の思いを加えることでよりよいゴールを設定することができます。

熱く語る

学級経営の主体は最終的に子ども達に

学級経営の主体は子ども達だということを忘れないようにしましょう。

私自身、先生だけががんばり続け、うまくいかなかったことが今まで多くありました。先生ががんばり続けても子ども達が協力してくれないとうまくいきません。会社では社長さんがすべての仕事をしているわけではありません。多くの仕事は社員がします。同じように、子ども達ができることは子ども達でできるようにするべきです。そこで、

このクラスで一年かけて成長していこう
このクラスをこんなクラスにしていきたい
自分はこのクラスのためにこんなことをしていきたい

と、はっきりとした明確なゴールを子ども達にもたせていくことが大切です。

これは、ノートを1冊もたせ、自分を振り返らせながら書かせたり、話をさせたりしながら取り組むことが大切です。ノートに書かせることが大切というより、とくに

「書く」

という行為が大切です。

子ども達が学級や自分自身を省察することができるからです。

大事なことは、子ども達に

「自分のクラスは大切なものなんだ」

と思わせることです。そして、

「自分のクラスのために自分は何ができるか」

を考えさせていくことです。クラスのため、仲間のために自分ができることを考え、行動に移させていくことが重要です。

そして、子ども達ができることは、子ども達にどんどん任せてさせていくことが大切です。日直や当番もやらされてするというのではなく、自分たちが学級を運営するという視点で関わらせていくことが重要です。例えば、「先生が一言も指示しなくてもできるかどうか確認する日」を設定して、子ども達同士で声かけをしながらさせていってもよいでしょう。先生がいなくてもクラスを自分たちで動かしていくという愛着と意識づけが学級経営には欠かせません。

子ども達が安心し、安定して、向上しながら学ぶ【場】をつくることが、担任の仕事として何よりも大切だといえます。

学びを深めるために

『学習の本質 ―研究の活用から実践へ』
OECD 教育研究革新センター（著，編集）
明石書店

難しい本ですが読む価値はあります。ただし，時間をかけてゆっくり読むことをおすすめします。学習することとは何か，学習者にとってベストな学級経営とは何かを考えるヒントになります。また，「学習指導要領」に目を通しておくことも大切です。

『"教育力"をみがく』
家本芳郎（著）
子どもの未来社

教育力，指導力とは何かについてとても分かりやすく書かれた名著です。教育するということはどういうことかをぜひ若い先生にこの本を通して考えてほしいと思います。とてもおすすめです。

『新版 若い教師のための読書術』
長瀬拓也（著）
学事出版

学級経営のゴールはある意味で，担任の先生の教育観がとても問われます。そのために多くの本を読むべきです。ぜひ，多くの本と出会ってほしいと思います。

『スペシャリスト直伝！学級を最高のチームにする極意』
赤坂真二（著）
明治図書

学級をチームにするということはどのような形であるべきかを考えることができます。学級を組織する内容も学ぶことができます。赤坂先生の講座を聞くこともおすすめします。

3章

学級経営のシステムをつくる

S システム　R ルール　R リレーション　C カルチャー　G ゴール

学級経営のゴールを達成するためには、手段や仕組みを考える必要があります。

子ども達が学習できるように集団を組織したり、学びやすい場にしたりする必要があります。そのために「システム」という考え方が出てきます。

この「システム」はどちらかといえば、あまり意味や意義を考えずに行われてきたところがあります。朝の会や帰りの会、給食や掃除など、「とりあえず」という形で取り組み、うまくいかなかったケースがほとんどです。また、4章以降で述べる、ルールや関係（リレーション）づくり、文化や風土づくり（カルチャー）は、このシステムが機能しないとまったくうまくいきません。

システムは簡潔に言えば、「時間をかけず、効果

的に教育的な活動ができるようにする仕組み化」です。

システムの観点は、

・時間管理
・見通し（ロードマップ）の設定
・視覚の工夫
・給食、掃除の教育的価値の検討と意味づけ
・日直、当番の教育的価値の検討と意味づけ
・リーダー育成
・班づくりや席替えによる組織化

など、極めて多様です。

しかし、このシステムをいかに構築するかによって、学級は大きく変わってくると思います。

学級びらきまでにへとへとにならない

4月の学級びらきで一番大切なこと、それは何より、**学級びらきまでにへとへとにならないこと**です。

小学校低学年であれば、学級びらきの時、思いっきり元気な、はじける笑顔で子ども達を迎えるようにすることです。小学校高学年や中学校では、余裕いっぱいの笑顔で子ども達を迎えるようにすることです。

そのため、

学級びらきまでの仕事は優先順位をつけ、大切なことからできる範囲ですることをおすすめします。

私自身、あれもしたい、これもしたいと考え、ふらふらになってしまうことがあります。

そして、学級びらきの前日には心も体も疲れきっていることがあります。

でも、それは、子ども達のためにはなりません。

学級経営の仕事の一つに「優先順位を立てること」があると考えています。

そのため、TODOリストを使って、優先順位を立てて仕事をしていくことが大切です。

大前暁政先生は、春休みの仕事を「学級事務」「学級経営上の準備」「授業関係の準備」「学年・学校全体の準備」という4つに大きく分けています。〔初めて担任をもつ先生は、大前先生の『必ず成功する！学級づくりスタートダッシュ』（学陽書房）を読むことをおすすめします。〕この4つを緊急・重要と考える順にどんどん行っていくことが大切です。

まず、優先すべきは子ども達の安全管理、個人情報の保護など、子ども達を危険にさらさないことです。とくに、4月のはじめは多くの仕事があります。その仕事に流されてしまうのではなく、子ども達にとって何が大切か、今するべきことなのかをよく考える必要があります。

その上で、学級びらき前日には、

明日一日の詳細なスケジュールを立て、リハーサルをする

ことが大切です。

子ども達との出会いの演出をよく考えていきましょう。

また、結構な量の配布物もありますので、それらを素早く配れるように束ねておくなどの工夫もしておきましょう。当日は子ども達を笑顔にすることをまず考えてください。

学級びらき一日、二日目は詳細な案をつくる

学級びらき一日目は、詳細なタイムスケジュールをつくり、取り組んでいくことが大切です。

詳細な案をつくることで、学級のイメージがつくれるからです。静岡教育サークルシリウスのホームページ（http://homepage1.nifty.com/moritake/）を参考にするとよいでしょう。非常に多くの有益な学級びらきの情報が掲載されています。

また、二日目は、私の場合、しなくてはいけないリストをつくり、でき次第どんどんチェックするようにしています。

ただし、

案にこだわりすぎない

ことも大切です。

案はあくまでも案です。

うまくいかなくてもそれを楽しむぐらいの気持ちが大切です。

一日目：タイムスケジュール

第５学年方針：見せる・つくる・ひっぱる／○○小のリーダーになる

9：15 9：25	指示：教科書もってきて！ ①教科書をもってきた人をたたえる ②自己紹介 ③担任としての思い	 拍手！　立って拍手！ △△小学校からきました。 ・あいさつや返事を大切にする。 「はい！」「えー」はなし。 「い」をはさむ…「いえーい」 1）今までと大きく成長しよう！ ・最初は先生が示すから「姿で見せて」 ・「見せて」くれたら渡す 2）いじめや傷つけることは絶対許さない。 3）スローガンは 「見せる・つくる・ひっぱる」
9：35	④おはようリレー	少し，ゲームをしましょう。「えー」ではなく，「いえーい」！ 1）おはようリレー×22連発 2）おはようリレー×22連発（タイムアップ）
9：45	⑤呼名 1）「はい」の大切さ…相手を気持ちよくさせよ。 2）これが５年生だ。誰が一番かを決める。 3）全員の名前を呼ぶ。一言ほめながら。	次は「はい」の練習ね。なぜ，「はい」というか，それは，【相手を気持ちよくさせるため】。これが５年生の「はい」だ。チャンピオンを決めよう。
時間調整	⑥笑いのトレーニング	先生は，えがおがあるクラスにしたい。笑う子は明るい子，頭がいい子，話が聞ける子，けじめのある子です。では，やってみよう。はい，笑って。
10：00 10：10	⑦学級通信を読む ・詩の音読練習 ⑧配布物を配る □児童調査表：確認 □教科書配る：配ってくれる人→ほめる □教科書確認	ちょっと読んでみよう。 教科書をもっていますか。手を挙げて！
10：30 11：05 12：00 13：05	⑨掃除は去年おこなった場所でする ⑩詩の音読，明日することにする お弁当 ※12：55集合（必ず時間を守る） もう出発する。 13：05には並び，13：10出発!!	 昨年の仕方で「みんなが仲良くなる方法」でお弁当を食べよう。 遅れたら最低だから，13：10に来てくれ！

二日目：チェックリスト

●朝の会

□あいさつのトレーニング①：イスの出し入れ（音なし）
□座ったあとの姿勢

●1時間目

□今日からはじまる／暗唱
□今日からはじまる／中庭に向けて叫ぶ
□あしへそはい
あいさつ　しせい　へんじ　そうじ
はきものそろえ　イス入れ
□あいさつトレーニング②：止まってあいさつする
□ドア開けトレーニング
□集合10秒トレーニング
□移動15秒トレーニング…移動↓出発練習
□靴箱指導
□代表委員決め／立候補↓所信↓伏せ↓挙手採決
□班長決め／立候補↓所信↓伏せ（一人3回・14名以上で承認）
□給食当番ボランティア募集
□代表委員・班長に机列表渡し、考えさせる…昼休み　自分たちで考えさせる↓学級会提案↓14名以上で承認

●2時間目

□あいさつ／ここは繰り返す

□当番／くじ…この番号で給食・掃除場所・当番が一気に決まる
□音読カードづくり
□交通安全教室の確認

●3時間目／交通安全教室

●4時間目・5時間目／学活→国語

□筆箱指導→この一年でどんな自分になりたいか（ジャーナルに書く）
□この一年でどんな自分になっていたいかを黒板に書く
□書いたことを傾聴させる
□傾聴のアクティビティ
□サークルで語り合う（1分交代で）
□振り返りを書く

□新出漢字
□音訓部首×3回音読み→指書き（空手風）→空書き→なぞり書き
□小テスト→間違えたら3回練習（その間に覚える）→3回繰り返す→次の新出漢字5問へ
※小テストが入ってくる時は2回にする

●帰りの会

□振り返り
□もちもの確認
□ほめる

4月は一週間分の予定を立ててしまう

4月は、

一ケ月を考えながら、一週間の予定を決め、一日に力を入れることが大切です。

次ページのように一週間分の予定を立ててしまいましょう。そして、初日に全力投入していく気持ちで高めていくことが必要です。

つまり、一ヶ月の1、一週間の1、一日の1のプラン（1／1／1プラン）が必要です。

野中信行先生は、3／7／30の法則を提言しています。

これは、最初の三日間で、「この先生とがんばっていこう」という気持ちにさせ、最初の一週間で学校生活のシステムを定め、最初の一ヶ月で定着させるという考え方です。1／1／1プランもこの考えをもとに考え出しました。

4月はどんな行事や活動があるかを大まかにメモしておき、一週間分の予定を立て、その上で、一日目、

「この先生、楽しいな。一緒にやってみたいな」

と子どもが思うような取り組みを入れていくことがとても大切です。

△△△市立○○○小学校　5年1組　学級通信

えがおのわ

2013.4.8　No.1b　長瀬拓也

4／8（月）～4／12（金）

		1	2	3	4	5	6	持ち物
8	月	**始業式**	**着任式**	**学活**	**学活** 礼儀の大切さ 今日から始まる	**入学式**	**下校**	
9	火	**道徳** ・代表委員選考 ・班長選考	**学活** 当番決め 給食・掃除確認	**行事** 交通安全教室	**学活** 一年間の成長 傾聴トーク	**国語** 漢字の復習	**体育** 授業びらき サークルアップ	体操服
10	水	**国語** 授業びらき 詩を楽しもう	**身体測定** **５年生らしいところを** **ばっちり見せていこうぜ!!**		**学活** Being 学級目標づくり	**国語** 新出漢字 空手式暗記法	**放課後** 班長会議	体操服
11	木	**理科（三尾先生）** 授業びらき	**道徳** **自己紹介カード**	**体育** **６年生と**	**算数** ノートの達人 なぜ学ぶのか	**国語** 新出漢字 小テスト	**音楽** ビリーブを聞く 合奏してみる？	体操服
12	金	**国語** 私が選ぶこの詩	**学活** 学級目標を 決めよう	**算数** 数のしくみ	**英語** Hello！	**国語** 新出漢字 小テスト	**学活** 係活動を 決めよう	色えんぴつ

この一週間は黄金の３日間とよく言われています。また、最近では、３・７の原則とよばれ、学級の仕組みを決める大切な一週間とも言われています。ただ、先生としては、まずこの一週間は５年生としての姿を見せてほしいと思っています。
とにかく、これが５年生だというはりきった姿を見せてほしいなと思っています。期待しています！
あと今までの先生とやり方が違うかもしれないけど、「え？」と思わないでください。そういう時は「い」を両方に入れましょう。
「いえーい」でいきましょう。

安心して学べるためにはっきりさせておくこと

システムづくりで大切にすることは、
子ども達が安心して学べる場をつくる
ということです。安心して学べるというのは、子ども達自身が
何をしたらいいいか
がまず、分かることです。
そのため、4月のクラスづくりのシステムの中で最低限することとして、
・日直
・当番
・給食
・掃除
の分担と一人ひとりがするべきことをはっきりさせることが大切です。
また、
・朝の会、帰りの会、授業のあいさつ

などについてあらかじめ、担任としてよく知って学んでおくことが大切です。

とくに、常に、こうした活動を

なぜするか

を明確にしておくことが必要です。

なお、担任として知った内容をそのままさせてもよいですし、子ども達に話し合わせて決めさせてもよいでしょう。つまり、子ども達が安心して学べる場をつくればよいので、する、しないは子ども達と先生が判断すればよいのです。

前者は、先生が子ども達に与える形になるので、時間は短くてすみます。ただ、子ども達の主体性はあまり生まれないかもしれません。話し合わせて、そこから一人ひとりが考えをもたせていくのであれば、後者です。ただ、これは多くの時間がかかり、話し合いが長引くと決めなくてはいけない多くのことが決められず、クラスが沈滞したり喧嘩とした状態になったりする可能性があります。４月は時間も限られ、給食や掃除などもすぐ始まります。とにかく、どちらにせよ、こうしたシステムの重要性と誰が何をして、先生がいなくても一日を過ごしていけるか（自治運営ができるようにするか）を担任としてよく学んでおく必要があります。

ロードマップを示す

ロードマップとは、とても簡単に言えば、

道しるべ

つまり、

計画や見通し

をしっかり示すということです。

システムは、ルールやリレーションがうまくいくための方略や土台となります。

そのシステムの中心となるのが、

何をすればよいかという見通しをしっかり立てる

ということです。

見通しを子ども達にもたせるとは、

- **最終的な学級の目標は何か**
- **自分は何を学級にすればいいのか**
- **どんなルールが必要か**

・人間関係を高めるにはどうすればいいか
・どんな言葉づかいをすればいいのか

といった、具体的に、何をすべきか、その道筋がよく分かるように子ども達に伝え、考えさせ、導くことです。これを私は

ロードマップを示す

と言っています。

もともと、ロードマップとは、プロジェクトマネジメントといって、あるプロジェクトを成功させるための計画や目標の設定などの考え方の一つです。

こうしたロードマップを成功させるのが、

時間の使い方
視覚化

と言えます。

いつまでにどのようにするかといった時間管理と、具体的に何をすればいいのかといった視覚化がとても大切になります。

ハプニングやピンチは成長のチャンス

多くの先生が述べていることですが、

ハプニングやピンチは必ず起きます。

それは、多くの人が集まる集団の特徴であり、まったくゼロにすることは不可能です。

大切なことは、そうしたハプニングやピンチを

成長のチャンス

に変えていくことです。

若い先生は、問題はできるだけ起きないでほしいと心のどこかで祈っているかもしれません。しかし、問題は、実は、自分や学級を成長させるチャンスであると言えます。

そうした心の持ち方や心構えを私に教えてくれたのは、大阪の金大竜先生です。

ぜひ、若い先生は、うまくいかなかった時、

これはチャンスだ

と思って、学級を経営するように心がけてみましょう。

しかし、ただ、ピンチを何回も繰り返しているようではいけません。それでは、子ども

達がかわいそうです。
　そのため、
なぜ問題が起きたか
起きないようにするためにはどうすればいいか
を考え、実行することがとても大切です。
　つまり、
分析
することです。
　具体的に言えば、ケンカなどのトラブルも、そうなる前に声かけをしておいたり、今後同じことを繰り返さない意識づけをしていったりすることです。とくに、いじめなどの問題は小さなちょっかいやいじりに目をおき、声をかけておくことで未然に防げるものもあります。
　ここにも、
子どもをよく見ていく
という教師の行為が欠かせません。

大切なのは時間と視覚の使い方

システムで一番大切なことは、

時間管理

だと考えています。これは横浜市の野中信行先生に教えていただいたことです。

担任がもっているものは何といっても時間の裁量です。担任が許せば、一日中しゃべり続けることができます。（もちろん、そんなことは誰もできませんが。）

しかし、担任だけが時間を意識しても、集団としての子ども達が時間を意識していないとなかなかうまくいきません。

時間を意識して行動しないと、

- **活動が十分にやりきれない**
- **次の活動がうまくすすまなくなる**
- **全体的にルーズな雰囲気になる**
- **他の面でも意識ができなくなる**

といった問題点があります。

そのため、

- **時間割やタイムスケジュールをはっきり示し、視覚的に分かるようにする**
- **時間を守っている子、意識している子を評価し、そうした子が認められると認識させる**
- **時間を守らない場合は集団として厳しく対応する**
- **集団の中で時間を意識し、声かけをできるようにする**
- **授業の中でも「一分間で取り組もう」等というように、ショートスパンで意識する視点を増やす**
- **なれてきたら「終わりの5分前」というように大胆に時間を使わせる**

といった視覚的に分かる工夫がとても必要です。

すなわち、システムは「目」で分かる、つまり、

視覚をいかに工夫するか

がポイントです。

黒板に色々貼りすぎて分からなくなってしまっては意味がありません。

また、キッチンタイマーなどを使うことは極めて効果的です。

日直、当番、係はリサーチがポイント

学級に関わる活動は子ども達が主体的に行うのは当然ですが、教師側がよく知っておく必要があります。

私の場合、二日目に子ども達に次のような話をしました。

当番とは「この仕事をしないと、クラスがうまく動いていかない」活動のことです。

当番活動には、①日直当番　②給食当番　③掃除当番　④常時当番の4つがあります。あまり知らないのは、④の常時当番だと思います。これは、まどを開けたり、机をそろえたりする仕事です。低、中学年の頃は係と一緒になっていたかもしれません。5年生は、「一人ひとりが自分の仕事に責任をもって取り組んでほしい」ので、日直の仕事を減らし、一人ひとりが何かの当番の仕事をします。これは、自分のしたいものだけではなく、どの仕事でも取り組んでほしいので、くじで決めます。中学生や大人になれば、必ずしも、自分がしたい仕事をするとは限りません。サッカー選手でもFW（点を取る人）がずっと点を取るだけじゃなく、守りの仕事をするようにです。そのため、どの仕事でも明るくさわやかにできるようにあえてくじで決めます。ちなみに、仕事の内容はどれも10分以内でできるものです。当番はまた変更していきます。

「では、日直はどのような仕事をするのか？」

それは、基本的には、一人ひとりの当番活動のサポートとチェックです。日直の主な仕事は、

・あいさつ　・司会　・当番活動のサポート＆チェック

です。当番が仕事をしているか、チェックやサポートをしていきます。当番の人がいるので、みんながしっかりと仕事をすれば、日直の仕事はとっても楽です。

しっかりとみんなが仕事をして、クラスを動かしていく。

それが日直の大きな仕事です。

大事なことは、

一日一日を子ども達だけで過ごしていけるようにすること

です。このことは兵庫県の古川光弘先生から学びました。

もちろん、学級が始まったら、一時間話し合わせ、当番の活動を変更することもあります。しかしいきなり、「当番は何がいい」と聞いていたのではまずうまくいかないといえるでしょう。私はこうした失敗を何度もしてきました。

そのため、先に日直は何をするか、当番はどのようなものがあるかを教師が提示できるように準備をしておくことが大切です。もちろん、提示できるようにした上で子ども達に話し合わせ、あえて提示はしない先生もいると思います。逆に、先生主導ですすめていく人もいるでしょう。

大事なことは、授業について調べずに授業に臨むことがないのと同じように、日直、当番、係もある程度調べておく必要があるということです。ここに教師の学びがあると思っています。

参考に私の日直、当番の仕事を載せておきます。

朝の会

1．あいさつ
2．歌
3．目標設定
4．朝活動
5．先生の話
6．あいさつ

帰りの会

1．あいさつ
2．目標の確認
3．帰りの活動
4．先生の話
5．あいさつ

※活動は，読み聞かせ，百人一首などを行う

日直の仕事

授業のあいさつ
朝，帰りの会の司会
当番活動の点検
学級日誌の記入

当番活動（例）

電気
まど開け閉め
黒板
予定
タイム
（時間を計り，みんなに伝える）
呼びかけ

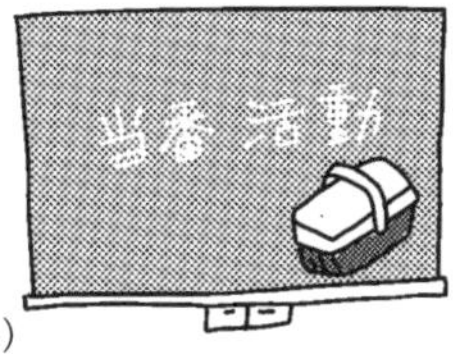

安全に安心して公平な給食に

学級経営に関する本を読むと、給食の配膳の仕方や時間のことが詳しく書いてあることがあります。

しかし、一般的にはその学校ごとでシステムやルールはある程度決まっているので、そうしたものを運用しながら少しずつ変えていく方式を採った方がよいと思います。

とくに若い先生や初任の先生は、まず学年の他の先生の方式とそろえながら取り組み、そのあと、問題点を見つけたらカスタマイズする方法がよいでしょう。

ただし、

安全　安心　公平

に食べられるシステムかどうか常に見ておくことが大切です。食事は、子ども達の本音が一番出る場です。だから、システムやルールは給食が始まる前につくっておいてもよいでしょう。

例えば、おかわりの仕方など、常に公平かどうか、片付けはどうするのか、一定時間待たせた方がよいのか、食べ終わったら順番に片付けていくのか、考えるべき決まりはたくさんあります。こうした方法に絶対的な正しい答えはありません。学校によって方式が違ってくるからです。そのため、**目の前の子ども達の実態**に合わせて、先の3点が守られているか考えていくことが大切です。

その上で、**給食を配らずに待っている子にも着目**しましょう。

待っている子がしっかり「待てる」環境であれば、よいクラスだといえるでしょう。そこがうまくいっていない時は、システムを見直す必要があります。

ただ、給食指導はなかなか難しいというのが実感です。

教師を十年続けてきて、いまだにうまくいっているという実感がありません。

若い先生は、大前暁政先生の『必ず成功する！学級づくりスタートダッシュ』（学陽書房）を読むことをすすめます。

掃除を自分磨きの場にする

安次嶺隆幸先生の『すべては挨拶から始まる！「礼儀」でまとめる学級づくり』（東洋館）を夢中で読んだことがあります。

その中に、掃除についての項目がありました。

読んでいて分かったこと。

それは、

掃除を自分磨きの場にする

ということでした。

本で書いてあったように、私も掃除を検定方式ですることにしました。

まず、全員ぞうきんからスタートします。

そして、認められた人から級が上がり、ほうき、モップと使えるものが増えてくる制度です。

これは、見る先生の目が試されます。もちろん、お互いによさを認め合って級を上げていく場合もありますが、とにかくこちらも掃除を一生懸命見なくてはいけません。ちなみに級が上がると賞状を渡します。

掃除を、自分を高める場に変えていく発想は今までありませんでした。

どちらかといえば、やらなくてはいけないことをしぶしぶする感じです。

でも、それでは子ども達は育たない。

子ども達が一生懸命やりたくなるシステムをつくることがとっても大切なんだと思い知らされた1冊でした。

掃除は、ぜひ自分を高める場にしていくとよいです。この考え方に出会い、掃除指導がうまくいくようになりました。

それはなぜでしょう。きっと、掃除を無理やりやっている段階では、

掃除はしたくない

←

遊ぶ

←

叱られる

という悪い循環になります。

しかし、検定などを使うと、

掃除をするとほめられる

↓

よし、やってみよう

↓

認められる

↓

やる気が上がる

というよい循環になるからです。

こうした活動を行いながら、「なぜ掃除をするのか」といった根本をよく考えさせる指導も大切です。なぜ掃除をするのか考え、そして、掃除をするのが楽しくなると、きっとうまくいきます。

ただ、簡単にはうまくいかないことも付け加えておきます。私も苦労しながら取り組んでいます。

リーダーは役割を通して学ぶ

よく「え、あの子にリーダーをさせるの」と聞かれることがあります。リーダーの仕事をあらかじめ、こちら側が適切だろうと考えた子にさせようという考え方です。こうした考え方は否定しませんし、ぜひ、この子にやってほしいと思いを伝えたこともあります。

その一方で、リーダーは最初からリーダーの素質があるというより、その仕事を通してリーダーになっていくことが多くあるということも事実です。

つまり、

リーダーの仕事を通してリーダーに育てていくこと

が大切だと考えています。

こうしたことは、小、中学校での学級経営にも生かされると思います。

例えば私は、四人の班をつくり、

班　長：すべてを見て、すべてで見せる。リーダーとして班全体を高めます。

学習長：授業、宿題の回収、呼びかけなど、学習を高めていけるように声かけやチェックなどをします。

生活長：整理整とんやゴミ拾い、ロッカーの整とんなど、きれいにして学習に集中できるようにしていきます。
宝物長：とにかく、班を明るく、楽しくします。また、上靴そろえやイス入れなど、明るく安心して生活できるようにします。

という分担をしたことがありました。

こうした意識づけは子ども達の成長につながると思っています。

ただ、リーダー任せになってしまい、子ども達を苦しめてしまったのではないかと反省することがありました。

そこで、

リーダーがやってよかったと思う体験

をさせてあげる工夫が大切です。これは、北海道の堀裕嗣先生から学びました。

学級通信や写真の掲示、賞状など、子ども達がよかったと思うような工夫をしていきましょう。

席替えに担任の意図をもつ

席替えに正解はありません。

例えば、

・くじですべて決める
・班長を決め、班長がメンバーを決める
・男子、女子で分かれて決め、あとで合わせる
・じゃんけんなどをして優先的に決めていく
・先生が決める

などの方法があります。

どれを行っても問題はありません。

ただし、

子どもが納得しているか

と、

席替えに担任の意図があるか

が大切です。

私の場合、班長が選挙で選ばれ、その班長がメンバーを決める**民主主義の体験**をさせています。

つまり、自分たちで選び、選ばれた人が決めるという方式です。

この方式であれば、班長をしっかり選ぶようになるし、班長の責任も増えます。

ただし、これが低学年だと変わってきます。

つまり、**子ども達の実態に合わせる**ことも大切な視点だといえるでしょう。

私は教科によって席を変えることがあります。また、席には色々なものがあります。学習や子ども達の実態に合わせて席を考えていくとよいと思います。

学級通信は継続して出す

学級通信は継続して出すことが一番大切です。

毎日出しても週に二回出してもよいですが、とにかく、続けることが大切です。

学級通信のルールとして、

ネガティブ、マイナスな内容は書かない

子どもをほめる場とする

不公平感を出さない

という3つが大切だと考えています。

その上で、継続して出すために、私は、

- **写真をたくさん使う**
- **全員のコメントをできるだけ日数を分けながら紹介していく**
- **イラストや絵などを入れない**
- **通信に時間をかけないように1枚10～30分程度でできあがるものにする**

・土日に3枚から5枚程度、書ける通信は先に書きためておく

といったようなことをしています。

ちなみに年度初日は、

・自己紹介（子ども達が喜ぶように、この日だけはイラストを使います）
・こんなクラスにしたいという担任としての願い
・保護者の方へのメッセージ

を載せています。

学級通信は、担任としてのその先生の文化がよく分かります。
ぜひ、大勢の先生に通信を見せてもらいながら、自分に合ったものを創ってほしいと思います。

学級掲示はできる範囲ですればよい

大事なことは、学級という集団をつくることです。

学級掲示をゆたかにすることではありません。

学級掲示はあくまでも学級という集団や教室という学習環境をよくするためのものです。

そのため、

本当に必要な掲示をする

ことを心がけることが大切です。

ただ、学校や学年によって指定があると思います。

そうした時は、

できる範囲でする

ようにしましょう。無理をする必要はまったくありません。

ちなみに私の場合、教室の後ろには、

- **子ども達の目標などの個人の書いたもの**
- **月ごとの目標とその結果（成長の証）について写真をたくさん貼ったもの**

を掲示しています。

また、最近では、

・自主学習タワー

と呼ばれる、終了した自主学習ノートをタワーのようにして載せています。

私の先輩はよく、色々な学校に行ったときに掲示物を写真で撮って、ファイルに綴じていました。そして、その中で自分の気に入った掲示をしていました。

学級掲示は教師の思いが出るので、たくさんの教室を見て、たくさんの掲示物から学ぶことがとっても大切だと思います。

教科担任制も検討する

私は、学級は一人の先生が囲むのではなく、多くの先生で創っていくべきであり、それが学級崩壊を少しでも減らせる方策だと考えています。ただ、「完全」教科担任制ではなく、小学校では「部分的」教科担任制が有効であるというのが持論です。

その理由として、

①学年の児童の様子が分かり、共有できる。
②様々なトラブルに対しても学年として対応できる。
③教材研究などの時間を重点的に取ることができ、より時間をかけて授業に臨める。
④苦しい学級を担任の力量任せにしなくてもよい。
⑤ずっと同じ教員と生活するのではないので、マンネリやなれ合いが少なくなる。
⑥担任には見えなかった部分が見え、それを共有することができる。
⑦中学校への心の準備にもなる。
⑧教師のそれぞれのよさを発揮できる。
⑨毎週、時間割を話し合う機会が増え、学年にコミュニケーションが生まれる。

⑩時数に対してより厳密に対応できる。

などを挙げることができます。

一つの教科を替えるだけでも大幅な時間短縮と、学級をより大勢の目で見ることができ、学級がオープンになります。

時間割や調整がなかなか難しいですが、打ち合わせをすることで教師が話し合う時間も確保することができます。

こうした提案はなかなか若い先生はできません。中堅やベテランの先生、管理職の先生の、学校・学年マネジメント力が問われるといえます。

〈第5学年〉

	国語175	社会100	算数175	理科105	音楽50	図工50	家庭60	体育90	道徳35	特活35	総合70（＋外国語35）
1組	小川	田中	小川	小川	小川	田鍋	専科	小川	小川	小川	小川
2組	田中	田中	田中	田鍋	小川	小川	専科	田中	田中	田中	田中
3組	田鍋	田中	田鍋	田鍋	小川	田鍋	専科	田鍋	田鍋	田鍋	田鍋

1組：社会100⇔2組：音楽・図工100をチェンジ

1組：図工50⇔3組：音楽50をチェンジ

2組：理科105⇔3組：社会100をチェンジ（残り5は書写指導5時間相当分を行う）

学びを深めるために

『子どもと生きる教師の一日』
家本芳郎（著）
高文研
授業も含めて，教室の一日の生活が分かりやすく書かれています。子どもとの関わりに焦点をあてているので，クラスの子を想像しながら読むことができます。

『新卒教師時代を生き抜く心得術60―やんちゃを味方にする日々の戦略』
野中信行（著）
明治図書
若手教師を強く応援してくれる野中先生の１冊です。学級の組織化についてたくさんのヒントをくれます。

『学級を組織する法則』
向山洋一（著）
明治図書
色々な主張がありますが，若い先生はまず読むべきだと思います。まず読んでみて学級を組織する大切さを学ぶとよいでしょう。

『学級経営10の原理・100の原則―困難な毎日を乗り切る110のメソッド』
堀 裕嗣（著）
学事出版
中学校向きですが，小学校の先生でも多くを学べる１冊です。

『教師のための時間術』
長瀬拓也（著）
黎明書房
学級経営を含めた教師の仕事を「時間の使い方」という視点から書いたものです。いかに子ども達と学級を経営していくかについても書いています。

4章

学級経営を支える ルールをつくる

4章

S システム　**R ルール**　R リレーション　C カルチャー　G ゴール

学級経営のゴールを達成するために、また、集団として生活し、お互いを高めていくために「ルール」が必ず存在します。

ルールは本当にたくさんあります。

ルールが多すぎて、守れていない場合もあるほどです。

もっといえば、ゴールとルールが混合していることもあります。

そこで、ルールを学ぶ時の観点は、

・ルール定着の方法
・ルールの意義の検討と徹底
・ルールの視覚化

に精選して考えます。

ルールをいかに増やすかというより、いかに絞る

かといえるでしょう。

また、ルールの大きなポイントは、教師主導のものから子ども達のものに変えていくということです。子ども達がルールを意識し、呼びかけたり、注意し合ったりすることが、学級組織として集団が高まっていくことにつながります。

ルールがしっかり定着することは時間がかかりますが、笑顔で粘り強く取り組んでいきましょう。

ルール定着の鍵は「納得」

ルール定着の鍵は

納得

です。

このことを教えてくださったのは、家本芳郎先生でした。

家本芳郎先生の『〃教育力〃をみがく』（子どもの未来社）をぜひおすすめします。

この本に出会った頃、私の学級は非常に苦しく、子ども達は話をしてもなかなか聞いてくれませんでした。

そこで学んだのが、

子ども達がいかに「納得」するか

でした。

納得をすることができれば、指導は浸透します。

子ども達が話を聞いてくれない時、私は、話をしっかり聞いてくれている子をほめていきました。

「姿勢がいいね」

「しっかり目を見ているね」

「静かに聞いているね」

最初はとにかく、たくさんほめました。

すると、子ども達は徐々に聞いてくれるようになりました。

これを少し系統立てて、どのような聴き方をしてくれるといいか分かるようにほめてみました。

まず、姿勢

次に、目線

最後は静けさ

というようにです。最後は、姿勢も目線もしっかりできている、完璧という意味で「静けさ」という言葉を使いました。

合い言葉のようになりました。

これは、子ども達が、

「聞く」ことがよいことである

と納得したからだと思います。

納得するということは、

腑に落ちる

ということです。身体論でいえば、身体で分かると表現すればよいのでしょうか。

こちら側が指導の際にルールや規律を徹底させたい時、どうしてもあせってしまいます。

しかし、そういう場合は腑に落ちていないことがほとんどです。

このあせりが禁物です。つまり、

なぜ、このルールが大切なのか

をまず納得するように話さなければいけません。

また、低学年の子ども達は、言葉での説明だけでは納得できないことがあります。

そのため、

ほめる

という指導の方法がとても有効です。これは、高学年や中学生でも効果的なことかもしれません。

納得の上にルールが成り立つ

明確で絶対的なルールを貫く

ルールには色々なものがあります。
例えば、
たたいてはいけない、悪口を言ってはいけないといった、
①安全、危機管理のルール
はきものをそろえよう、話す時は聞こうといった、
②集団生活を維持・向上するためのルール
授業を続け、学力を高めていくためにこれだけは守ろうといった、
③学習規律のルール
自分自身を高めていくための目標に近いものといった、
④自己実現のためのルール（むしろ、ゴール）
があります。他にももっとあると思います。
少し考えただけでも実はルールは非常に膨大にあります。
そのため、ルールを意識させ、守らせるようにするには、

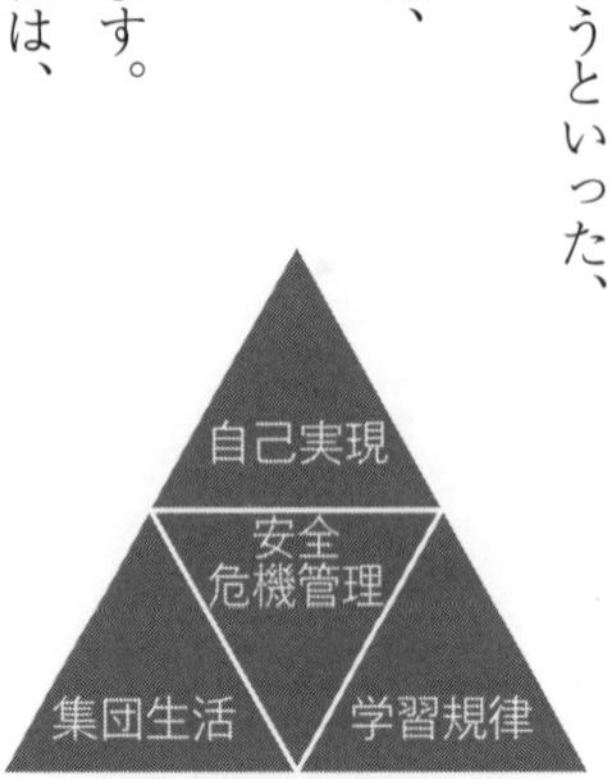

少なく、はっきり、絶対守り続けさせる

ことがとても大切です。たくさんルールがあると、何を守ればいいか、子ども達も分からなくなってしまうからです。そのため、子ども達にどうしても伝えたいルールは、

短く、はっきり

と伝えることが大切だといえます。

つまり、いじめてはいけない、相手の嫌がることは絶対してはいけないといった、

明確で絶対的なルールを貫く

という姿勢が大切になります。

私の場合は、学級びらきで大きく3つ示します。それが、

人を傷つけない

自分を傷つけない

クラスや学校を傷つけない

です。とくに、人と自分を傷つけることは、とても叱ると伝えています。また、実際、子ども達には厳しく接しています。ここは徹底するようにしています。

小さなルールからほめて、ほめて、ほめる

絶対守るルールを貫くことと同時に、
小さなルールができたことをほめる
ことを大切にすべきです。
つまり、姿勢がいい、話す人を見ている、いい笑顔だといった、小さな、小さなルール
ができたことを
ほめて、ほめて、ほめる
ことです。
どうしても悪いところが目につきます。私自身もそうです。
そのため、
意識をして、小さな小さなことをほめる
ことが大切です。
また、ルールは、
守らないと叱られるという意識

を変えたいものです。

なぜなら、ルールは、

子ども達が納得している「同意」と、できるとほめられる「承認」

の状態であると徹底することができるからです。

小学校低学年の場合は、最初から納得しているというより、ほめられる承認を受け、それが納得につながる場合があります。

あしへそはい

という実践をご存じでしょうか。

これは、福岡県の桑原健介先生のご実践です。

あ（いさつ）、し（せい）、へ（んじ）、そ（うじ）、は（きものそろえ）、い（すいれ）の頭文字をとって名付けられています。こうした集団生活の基本となるルールができたら、個人をほめたり、写真を撮ってクラス全員をほめたりすることが大切です。

こうしたことは、実は時間がかかることで、何度も何度も徹底していかなくてはいけません。夏休みが終わると元に戻ってしまったり、うまくいかなかったりすることが結構あります。それでもあきらめずに取り組むことが大切です。

与えられるルールからつくり出すルールへ

繰り返しますが、学級の主体者は子ども達にすべきです。

そのため、与えられるルールではなく、ルールを自らつくり出していくように育てていくことが重要です。

そこで大切なことが、**書く活動や学級会、クラス会議**などの話し合う活動です。

とくにこうした活動でチャンスなのが**体験学習などの行事に向けてのルールづくり**です。

ゴール（目標や目的）をつくることも大切ですが、ルールを話し合わせてつくっていくことが肝要です。

そして、できれば、**なぜ、そうしたルールが大切なのか**について話し合わせるとさらによいと思います。

また、そうしたルールを

省察（振り返る）

ことも必要です。

これは、できなかったことの分析も大切ですが、

できたこと

に焦点を当てると子ども達の主体性が生まれてくるからです。

そのため、

成長したこと（成果）

できなかったこと（課題）

これからがんばっていきたいこと（展望）

をノートなどに書かせるようにしています。

本来であれば、書いたことをさらに話し合わせると効果的ですが、なかなか時間が取れないというのも事実だと思います。そこで、書かせて振り返らせ、それを学級通信などで紹介しておけば、個で見つめたことを通信で読み合い、集団でも振り返ることができます。こうした繰り返しをして、一人ひとりの中に規範意識が育って、次の学年にいくことができれば担任として最高です。

まず、話を聞く姿勢をつくる

学級はいわゆる集団の一つの形です。

集団を動かすことで、一番大切なことは、

話が聞ける

ようにすることです。

どんな素晴らしい実践でも、指示が通らなければ話になりません。

しかし、話を聞かせることは苦しいクラスほど極めて大変です。

そのため、話を聞けるかどうかがまず学級を経営する上でとても大きな分岐点になると考えています。

例えば、

話をしっかり聞いている子をほめる

間をつくり、静寂を生み出す

お互いに注意をさせる

読み聞かせなど、子ども達が聞きたいと思う活動をする

静かに聞いていることは価値があることだと話す

抑揚をつけて話をする

など、話が聞けるようにする工夫が大切です。

とくに、教師も

抑揚をつけ、短くポイントを絞り、分かりやすく話す

工夫をすることを常に意識しましょう。

中学校の担任をしていた頃、帰りの会では、子ども達にお互い連絡等や呼びかけをさせて、私の話は、ほとんどしなかったことがあります。朝の会では、学級通信などを読み、思いをしっかり伝えますが、帰りの会では、

「先生の話、先生、お願いします」

「今日は、○○がよかったです。明日もがんばりましょう」

といった感じで切り上げていました。こうした時の方が、指示がよく入り、しっかり話を聞いてくれました。若い先生はまずどうしたら話を聞くようになるか、色々試してみるとよいと思います。

意識すればおおむね成功、つくり出せば大成功

なかなか話を聞いてくれない、問題を起こすといった子はどのクラスでもいると思います。

教師は何とかしたいと思います。それで、たくさん注意してしまいます。

そして、お互い嫌になってしまう……そんなことがよくあります。私も経験しています。

では、どうすればいいか、教師になってまもない頃、よく考えていました。

そこで子ども達と関わって、分かったことがあります。

つまり、指導が必要だとこちら側が思っている子が、

ルールを守らなきゃ

と思っていれば、時間こそかかるのですが、学級として落ち着き、うまくいくということです。

この「ルールを守らなきゃ」とその子が思っていることは、なかなか担任には見えません。

しかし、

必ず、そうした姿が現れるものです。

そこをつかみ、**ほめる**という行為がとても重要であり、欠かせません。このほめる行為は評価することでもあります。

つまり、子どもが意識をし、こちら側がつかんで評価すれば、おおむね成功するということです。さらに、子どもが先生との関係性ができ、**自分でこうしたい**とルールを考えるようになれば、大成功だといえます。

子ども達は必ず**ほめられたい、評価されたい**と思っているということです。

そして、評価されるために、時にルールを守ろうとしたり、ルールを守らないで注目をあびたりしようとします。

そこで、教師は、ルールを守らないことで注目をあびさせることはせず、

評価しない、相手にしない

ということを貫き、ルールを守ることを

必ず評価する、ほめる

という指導を徹底することが大切です。

これは、時間がかかります。一年間でできないかもしれません。

しかし、学級経営は人を育てることです。

種をまいてもすぐに芽が出ないかもしれませんが、花は必ず咲くと思っています。

ITSUKA HANA SAKU

ルールの達成を目に見える形にする

横浜市の野中信行先生からはシステムやルールの確立について大変学びました。

野中先生に教えていただいて、一番心に残っていることは、何といっても

ルールの達成を目に見える形にする

ということです。

私のクラスでは、朝にめあてを決めます。

そのめあてを帰りの会で確認し、3分の2以上であれば、☆を黒板に書きます。

そして、☆がたまったら、お楽しみ会をすることになっています。

こうした活動をすると、子ども達はめあてに対して意識しますし、どのようなめあてが達成できたかよく分かります。野中先生はこうしたルールの達成をとても丁寧に行い、難しいクラスを立て直してこられました。

このようにルールやゴールは達成したことを視覚化、つまり、目に見える形にすることがとても大切です。

学級目標のところでも少し同じようなことを述べましたが、**めあてはつくってからが大切**です。

つまり、めあてに向けて取り組ませ、達成したか、またはどれぐらいで達成できるのかが分かることがとても重要です。

これは、組織をつくるところはどんなところでも同じで、教師もがんばりが目に見える時、やはり励みになります。

そのため、ルールの達成を目に見える形にすることはとても大切なことだと考えています。なお、野中信行先生の本として、『新卒教師時代を生き抜く心得術60―やんちゃを味方にする日々の戦略』（明治図書）を若い先生にすすめたいと思います。

●● 学びを深めるために ●●

『Aさせたいなら B と言え』
岩下 修（著）
明治図書

ルールを意識し，浸透させるにはどのように指導していけばよいかについてまとめた名著だと思います。ぜひ，若い先生に読むことをおすすめします。

『生徒指導10の原理・100の原則―気になる子にも指導が通る110のメソッド』
堀 裕嗣（著）
学事出版

指導が入るようにするためにどのようにすればよいか。堀先生の提案する中学生の生徒指導の方法は実は高学年を中心に小学校でも多く生かすことができます。

『子どもの力を引き出すクラス・ルールの作り方』
伊垣尚人（著）
ナツメ社

子ども達とルールをつくっていくにはどうすればよいか書かれています。ルールのつくり方を学べるとてもよい１冊です。ゴールのあり方についても学ぶことができるので，ぜひおすすめです。

『すべては挨拶から始まる！「礼儀」でまとめる学級づくり』
安次嶺隆幸（著）
東洋館

掃除や挨拶など，日常でよく行われている活動を通して，いかに学級をつくり，子ども達を育てているか書かれた１冊です。掃除の取り組みはとても参考になりました。

5章

学級経営の基本としてのリレーションをはぐくむ

S システム　R ルール　

R リレーション

C カルチャー　G ゴール

学級経営のゴールを達成するために、また、集団として生活し、お互いを高めていくために「ルール」と同様に大切なものがあります。それは、いわゆる人間関係といわれる「リレーション（関係性）」です。

このリレーションが崩れていると、学級経営は非常に苦しくなります。お互いに仲が悪いと集団として成り立たなくなり、多くの問題が起きる可能性があります。

そのため、リレーションの観点はとても重要です。

・先生と子どもとの関係
・子どもと子どもの関係
・関係性を高めるための取り組み

承認・体験・成功・省察
・教師自身のリレーション
の観点をもつことが大切です。

とくに、遊びや体験などを中心に集団づくりについて学ぶのがこのリレーションといえます。

ぜひ、若い先生には様々なリレーションのつくり方について学び、実践してほしいと思っています。

人間関係をゆたかに紡ぎだす活動を

学級経営という集団を高めていく中で、その要となるのが、

リレーション（関係性）をつくる

ことであると言えます。

これは、子ども同士の関係性もありますし、先生と子どもの関係性でもあります。

お互いに信頼し、言いたいことが言え、助け合える。

そして、目標に向かって一致団結できる。

そうした関係性にすることが、学級経営には欠かせません。

以前、神戸市の多賀一郎先生と山口県の福山憲市先生にお会いした時に、こうした関係性の話になりました。お二人のお話から、

関係性を紡ぐ

という意識で学級経営をずっと続けていかなくてはいけないと思いました。

一年間を通じて、子どもと子ども、先生と子ども、学級と子どもというように、つながりをつくっていく必要があります。

つまり、一つの行為や実践だけではうまくいきません。子ども達の実態に応じて様々な方法を使う必要があります。そのために、

承認活動：お互いによさを認め合う活動をする
体験活動：お互いに協力し合える活動をする
成功活動：集団としてうまくいった、うまくなったと思える活動をする
省察活動：自分自身や集団を見つめ直す活動をする

とよいでしょう。

関係性がよくなるには、関係性を生み出すような活動を通して学ぶことが大切です。

言葉で仲良くしようと言われても、

感情が邪魔をしてしまう

時が必ずあります。

そこで、

体験的に学び、集団で学ぶことのよさを身体で覚えていく

ことがとても大切だといえます。体験を通して、うまく関係が築けなかった子と関係を築ける成功体験をつくらせてあげたいものです。

承認・体験・成功・省察の活動を繰り返す

関係性を生み出していく中では、まず、ほめる、認めるという、承認活動が必要になります。

これは、先生が承認することもできますし、子ども達が承認し合うことも可能です。

私の場合、帰りの会で、「今日のヒーロー」として、今日一日一番がんばった子をほめるという活動をしていました。日直の子に一人選ばせたこともありました。最近では、毎週班ごとで、例えば四人ずつというようにし、子ども達がほめていく活動をしていたこともあります。こうした活動は、北九州の菊池省三先生の実践が大変有名で「ほめ言葉のシャワー」として行われています。一度調べてみるとよいでしょう。

また、友達と助け合ったり、協力し合ったりして、課題をクリアしていく活動も大切です。これは、

PA（プロジェクトアドベンチャー）

と呼ばれる活動で、近年学校現場の中に入ってきて、とても盛んになっています。小さな玉を協同して運んだり、目標を図の中に書き入れたり、ゲーム的な要素の高い活動を通し

て、体験的に人間関係を高めていきます。

さらに、体験活動は成功体験にもつながります。最初はうまくいかず、対立が起きたり、問題が起きたりします。しかし、その中で、みんなと一緒にできたという経験をさせることで、

集団に対する帰属意識

が生まれていきます。

そして、何より欠かせないのが、

省察活動

です。つまり、自分自身を振り返る活動です。

書く

ことが省察の大きなベースとなりますが、話すことも大切です。

省察することによって、自分自身と仲間と学級に対して振り返ることができるからです。

ただ、大切なことは繰り返すことです。一回では絶対うまくいきません。

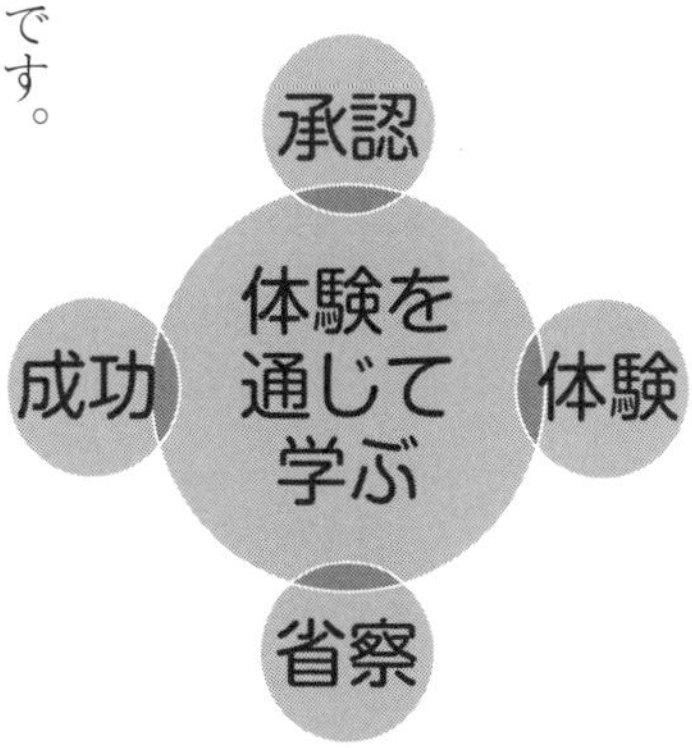

座席表を効果的に活用する

4月のはじめ、私は必ず座席表をつくります。

皆さんは、座席表の存在をご存じでしょうか。

どこに誰が座っているか書かれ、そこに、その子の詳しい内容が書かれているというものです。図にすると左下のようなものになります。

私は、これに、子ども達のよい姿をメモするようにしています。

つまり、

座席表にキラッとひかる子どものよい姿を書く

ということです。
メモ程度でよいので時間をかけずさっと書きます。
一日○人などと決めることもありますが、
4月はできるだけ全員、まずよいところを見

第2期生　班6.25～
山本
藤堂
足利
明智
名前を上に書き，その下に子ども達のよさについて書いていきます。

つけようと考えて書いています。

こうした座席表を効果的に使うことはとても大切だと思います。これは、若い先生にはぜひおすすめしたいことです。

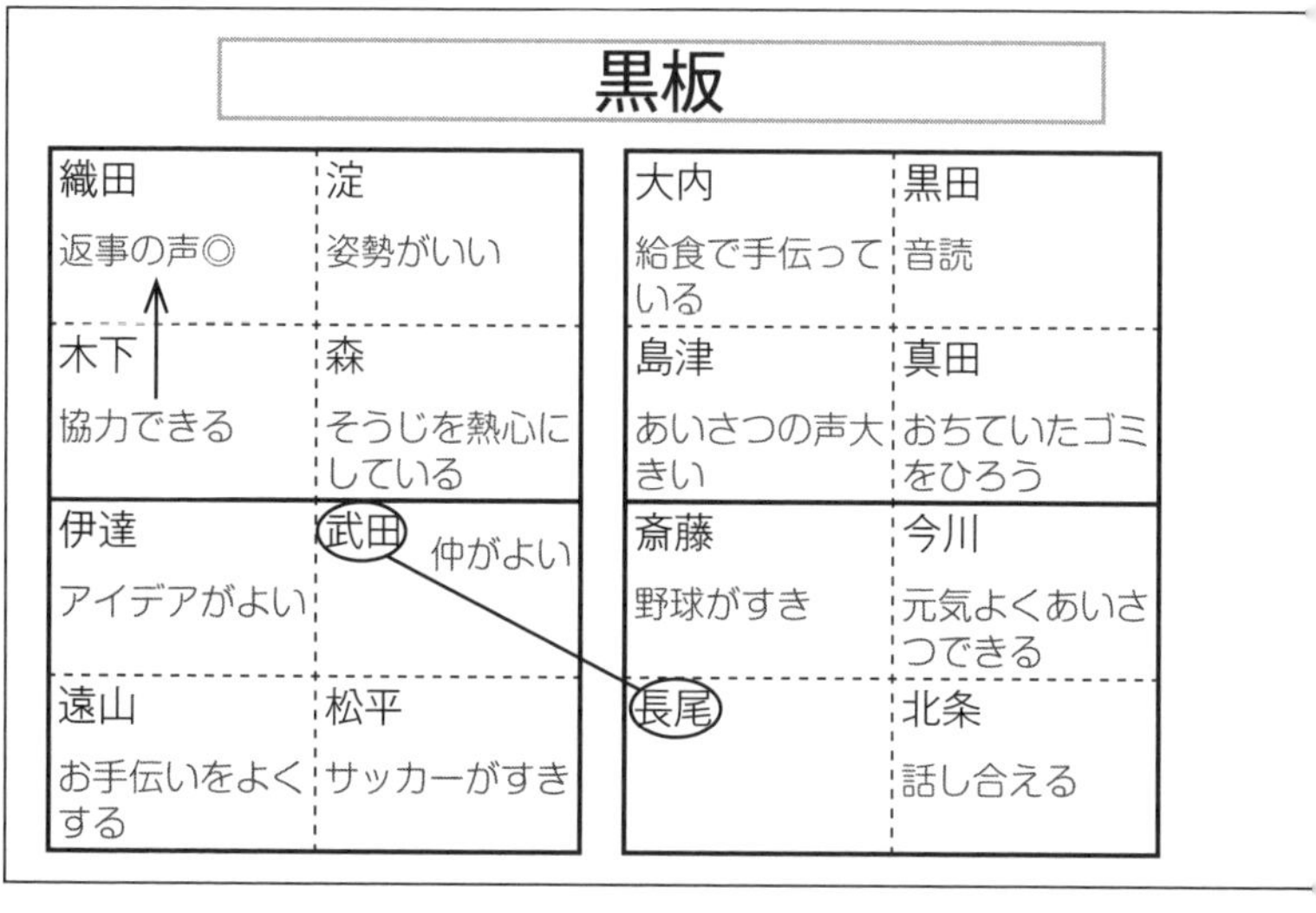

とにかく笑わせる

中村健一先生という山口県の先生をご存じでしょうか。

私が尊敬する教育実践家です。

中村健一先生の本はぜひ若い先生は読むべきですし、読んでほしいです。

読むと絶対自分の教室で活用することができます。

断言してもよいです。

中村先生の実践の素晴らしいところは、

笑いを教育活動の中心に据えたことです。

笑うことは関係性を高めます。

それは、相手を馬鹿にする笑いではなく、お互いに笑い合えるということです。

ぜひ、若い先生には教室でとにかく笑うことが多くなるような工夫をしてほしいと思います。例えば、「拍手」を三本締めにしたり、合わせたりするだけでも教室が一体となります。

笑いのあるクラスを創ることは、より良好なクラス創りにつながります。くだらないと思う人は、学級づくりの人間関係の大切さを理解していない人だと思います。

また、たとえ笑うことが少なくても

笑顔になるぐらいはしたいものです。笑顔でにこにこしていることがとても大切であると、北海道の堀裕嗣先生も述べています。

教室で笑顔があふれていれば、学級が崩壊することはまずないでしょう。

教師にとって、笑いを生み出す技術はぜひたくさん身につけてほしいです。

中村健一先生の本を紹介しておきます。

【参考】

『中村健一―エピソードで語る教師力の極意』（明治図書）

『担任必携！学級づくり作戦ノート』（黎明書房）

『子どもも先生も思いっきり笑える73のネタ大放出！』（黎明書房）

子どもの好きなものを好きになる

子どもの好きなものに関心をもち、好きになることはとても大切なことです。
たとえ、好きにならなくても

関心をもつこと

はとても大切です。

このことは、京都橘大学の池田修先生や北海道の堀裕嗣先生から学んだことです。

アニメやアイドルが好きな子、スポーツが好きな子、ゲームが好きな子と教室には様々な子がいます。その子達の好きなものを否定するのではなく、実際に興味や関心をもつことで、子ども達との関係を築きやすくなります。

今までにも、サッカー、「戦国BASARA」、韓流、『進撃の巨人』、嵐、関ジャニ、アメーバブログのピグなど、様々なものに興味をもちました。実際、自分自身がはまってしまうこともあります。

こうしたことに興味や関心をもち、調べたり、楽しんだりしていると自然と子ども達は寄ってきて色々話しかけてくれます。素直にうれしいと感じてくれる子がほとんどです。

また、「なぜ、はまってしまうのか」といったことについても少し理解することができます。相手の気持ちに立てるのです。そうすると、なぜ宿題ができないのかなどについても考えることができ、指導の方法にも考えが及ぶようになります。

こうしたことを繰り返していくと、子ども達もこちらの思いに答えようともしてくれます。

好きなことを知り、関心をもつことでお互いが歩み寄れる

と私は思っています。

ちょっとしたことかもしれませんが、とっても大切なことではないでしょうか。

遊びのレパートリーを増やす

次の章でもお話をするのですが、遊びのレパートリーをたくさん知っておくことが、とても大切だと思います。

子ども達が主体的になる瞬間、それは**遊び**です。

とくに、身体を使っての遊びです。

遊びに一生懸命になればなるほど、**心が熱く**なり、話し合ったり、自分の意見を言い合ったりすることができます。もめたり、対立したりします。しかし、そうしたことを遊ぶことで乗り越えていくことができます。

つまり、遊ぶことを通して、**関係性**

と

主体性

が生まれてきます。

身体を使って遊ぶことで、仲間との関係性も育まれます。男女が仲良くなります。心の底から遊ぶことで、学習にも集中して取り組むことができるでしょう。

そのため、教師として遊びのレパートリーをたくさん知っておくことが大切なのです。

身体を使った遊びや体験学習について学びたければ、上條晴夫先生の『ベテラン教師が教える　目的別　スグでき!学級あそびベスト100』(ナツメ社)、甲斐崎博史先生の『クラス全員がひとつになる学級ゲーム&アクティビティ100』(ナツメ社)はとてもおすすめです。

ぜひ、若い先生には読んでほしいと思います。

日記や振り返りのノートでコミュニケーションする

日記や振り返りなどのノートでコミュニケーションをすることは、教師と子ども達との関係性を生み出すとてもよい方法です。

毎日全員と話すことはなかなか難しいからです。

しかし、日記や振り返りのノートでの交流は全員とできます。

さらに、学級通信を使えば、さらに子ども達の思いをまわりの子に広げることができます。

ただし、課題があります。

それは、

時間がかかる

ということです。

そこで、私は日記を2冊使い、交互に書かせて提出させることがありました。こうすれば、一日預かることができますし、忘れた場合はその場で書かせることも可能です。

また、一人ひとりの日記や振り返りを読む時間を計りながら取り組んだことがあります。

時間は有限です。そのため、どれぐらいの時間がかかるかを知っておくと、時間を有効に使うことができます。細切れの時間を活用し、少しずつ見ていくということをしていました。

書くことは自分自身を見つめるとても大切な活動ですので、多く取り入れていくことは間違いなく子ども達の成長を促します。また、何よりも

子どもを知る

ことができます。これが一番必要なことなのかもしれません。

学級通信でほめる

学級通信は

子どもをほめるために存在する

と思っています。

学級通信に子どものよさを書くことで、

先生にも仲間にも保護者にもほめてもらうこと

になります。

そのため、学級通信はとても素晴らしいコミュニケーション手段といえます。

学級通信でほめるには、

子どもが書いたもの

を載せることから始めていきます。

短文をたくさん書かせ、それを載せていきます。

また、一人ずつ子ども達のよいところを一行程度書いたこともあります。

この取り組みには、座席表でのメモが活躍します。

また、クラス全体をほめることもできます。

学級通信の基本は書き続けることです。

つまり、

ほめ続けることになります。

予定や連絡も時には必要です。しかし、それだけに終わらず、ほめ続ける活動をしてほしいと思います。

承認される環境にする

指導が必要な子をどうしても叱り続けてしまうことがあります。

その子も叱られ続けるのでいい気はしません。そのため、どうしても逸脱行動が多くなります。

そこで、次のような意識で取り組んだことがあります。


その子の好きなものを見つけ、話をする。

一日に一回はみんなの前でほめる。

だらだら叱らない。叱ったら引きずらない。

子どもがイライラしていたら、話題を変え、矛先を変えさせる。

一緒に遊んで、トラブルが起きないようにする。

とにかく、朝からほめる。小さなことをどんどんほめる。（座り方がよいなど）

こうした活動は、教室の中でその子を承認する活動であり、環境をつくっているということになります。

教師も人間ですので、イライラしてしまうこともあります。

叱らなければいけないこともあります。

しかし、

承認するという目標を立てて取り組む

ことで、指導が必要な子の心を少しずつほぐしていくことができると思います。

もちろん、すぐにはできません。時間はたっぷりかかります。

ただ、こうした活動を継続していくことが、承認される環境にしていくことだと思います。どうしたら、まわりの仲間に承認してもらえるかも考えていくことはとても大切だと思っています。なお、おすすめは、

みんなの前でほめる

です。ぜひ、やってみてください。

少人数の活動を増やす

ここからは、子どもと子どもの関係について述べていきたいと思います。

授業や学級の活動では、

少人数で何かをしたり、話したりすることが大切です。

横浜市に山田将由先生という先生がいらっしゃいます。山田先生は少人数での活動を多く取り入れています。実践を聞くたびにぜひ真似したいと思います。

少人数の活動はまず、

ペアから始めていきましょう。

そして三人、四人というふうに少人数で関わりを増やしていきます。音読や答え合わせなど、ちょっとしたことでよいので、少人数での活動を増やしていきます。

こうした小さな集団の中であると、話す、または話さなければいけない環境にもなります。もちろん、話しやすい環境でもあります。

そうすると、自分から関わろうとすることができます。

大切なことは、

多様な仲間との関わり方をつくる

ことであり、そうした関わりを

どんどんほめていく

ことです。

また、こうした活動を最終的には学級という集団の中でもできるようにしていきます。

大人になったら人前で話すことは少なくなります。しかし、中学校や高校、大学までは集団の中で自分を伝える力をつけておく必要があります。

ぜひ、集団の中で自分の思いを伝え、仲間と関われるように、小さな集団の中で自信をもたせてあげてください。

声に出して言う

声に出す

という活動がとても重要です。

正しく言葉をつかえる

ということが人間関係をはぐくむ上で何よりも大切なことだからです。

そのため、

ありがとう

などの言葉をどの場面でも言えるように心がけさせましょう。

一番の指導できる場は、

先生に何かしてもらう時

です。

低学年の子ども達は、例えば、「これ、直して」と色々なものをもってくることがあります。

そうした時、「ありがとう」と言わせる指導を繰り返していきます。ちょっとしたことかもしれませんが、実は大きなことだといえます。

また、私自身がいつもそうした時にうまくできずに「しまった」と思うことがあります。

それは、

ほめる

ことです。

ほめることで子ども達は気持ちが安定し、人間関係を高めていくことができます。

また、先生が普段から意識的に「ありがとう」と言うと、その姿がモデルとなり、真似するようになります。先生がよさを見つける姿は、小学生、中学生にとってのロールモデル（模範）になるのです。そのため、よいモデルをたくさん示すことが必要です。ただ、このことは、なかなか私自身もできていないので、反省しているところです。

こうした小さな連続の積み重ねが、人間関係をゆたかにしていきます。

ほめたり、関わり合ったりする場を意図的につくる

学級がうまくいかない時、どうしてもクラスの中で、関わりを少なくしてしまおうとすることがあります。
つまり、対立を減らそうとしてしまいます。
しかし、それでは学級は伸びていきません。
失敗の連続の中で成長が見えてくる
と私は思っています。
そのため、
意図的に相手をほめたり、関わり合ったりする場
をつくることが大切です。
例えば、授業で

- **二人の人にノートを見せ合いましょう**
- **男子は女子、女子は男子とハイタッチをしましょう**
- **グループでお互いのよさをほめ合いましょう**

・今日、話したことのない人とお話しましょう
・隣の人をめいっぱいほめてください

というような活動をたくさん入れていきます。
意図的に相手をほめたり、関わり合ったりすることは、普段はなかなかできません。
しかし、授業であればできます。
授業で学級を創っていくという教師の意図的な取り組みはとても大切だと思います。

行事で燃えさせ、写真、ビデオで振り返る

行事で燃える

ということがとても大切です。

子ども達が関わり合い、話し合い、よさを見つけ合うのは、やはり行事だからです。

日本の学級経営は、河村茂雄先生（早稲田大学）によれば、

共同体

学級がこうした共同体になったのは、大正時代の教育運動の影響ではないかと私は考えています。学制が始まった頃は、学級は実はこうした「学級」ではありませんでした（等級制）。明治時代の中頃から今の学級集団に相当する「学級」が始まりました。その後、とくに行事や学級での活動がとても活発になってきたのは、大正時代からです。

行事や学級での活動は、学級をより高める効果があります。

今は、明治や大正とは違いますが、

といえるそうです。家族のような存在です。学習するために集まっているだけといった機能体ではなく、とても濃い人間関係のつながりを求めます。

行事という普段の授業と離れた空間で行う体験は子ども達の関係性を高めるにはとてもよいことだといえます。

そのため、担任としては、やはり、**行事でどの子も一生懸命真剣に取り組み、楽しかった**と言えるように工夫や努力が必要です。ここは腕の見せ所です。

また、行事が終わったら、**ビデオや写真などを見せて**振り返りをさせることがとてもおすすめです。

いきなり、振り返りを書かせてもなかなかうまく書けません。

しかし、ビデオや写真を見ることで、擬似的に体験したり、思い出したりすることができます。

私の場合、写真のスライドソフトを使い、写真に音楽をつけて、子ども達に見せています。とても簡単にできるので、ぜひやってみてはいかがでしょうか。

アンケートでがっかりしない

Q－U、hype－Q

と呼ばれるアンケートがあります。これは、児童生徒の学校生活での満足度と意欲、学級集団の状態を調べる質問紙です。（河村茂雄『学級集団づくりのゼロ段階　学級経営力を高めるQ－U式学級集団づくり入門』図書文化）

こうした専門的なアンケート以外でも学校生活での状況を調べるアンケートは多くの学校でされていると思います。

ただ、気をつけなくてはいけないのが、

アンケートでがっかりしない

ということです。

アンケートで厳しい結果になってしまったり、きつく言われた気になったりすることがあります。

しかし、集団や一人ひとりは、簡単によくなるわけがありません。むしろ、じっくりと長い年月をかけて成長していくものです。

そのため、アンケート結果は、
子どもに対する新しい視点
とするということがとても大切です。
アンケートをすることによって、今まで見ていた子ども達の状況とは違う一面に出会うことがあります。
これを
チャンス
と受け止め、前向きに取り組んでいきましょう。

対立を目標に変えよう

低学年であれば、友達の訴えが担任のところに多く寄せられます。

「○○ちゃんが……」

という訴えです。

そこで、

「そうだったんだね。では、どうしてほしい。どうしたらいいと思う」

と聞くことができればいいのですが、これがなかなかできません。

つまり、対立やもめごとに対して、すぐ教師として何かしようとしてしまいます。これは、教師の性かもしれませんが、何とか子ども達に自ら目標をもたせていきたいものです。

また、高学年女子との関わりで苦労している先生も多くいると思います。

私がいつも心がけているのは、

教師 VS 子ども

にならないようにするということです。もっと言えば、

目標 ↑ 教師 ＋ 子ども

という意識です。

教師と子どもが対立し合ってもあまり意味はありません。

そのため、目標にいつも意識を向かせるように気を遣っています。頭ごなしに怒ったり、感情で伝えたりすることはなるべくさけ、目標に応じてどんな状況かを考えさせ、自分で目標をつくらせるようにしています。できるだけ話を聞きますが、どちらの側にも味方になるようにし、個々でほめたり、叱ったりしています。〔詳しくは、赤坂真二先生の『小学校高学年女子の指導―困ったときの処方箋』（学陽書房）をおすすめします。〕

ただ、これは、いつもうまくいっているわけではありません。たくさんの失敗の中で私自身が学んできたことです。失敗の連続の中に成長があるのだと思っています。

教師自身のリレーションも大切に

教師自身の体調が悪かったり、気持ちが乗らなかったりした時、やはり学級もうまくいきません。

つまり、

教師は最大の環境

だといえます。

また、教師自身のリレーションはとても大切であり、

同僚の先生との関係

や

保護者の方との関係

も重要です。

では、どうすれば、良好な関係性をつくることができるのでしょうか。私は若い先生に、

愛される先生

になりなさいと常に言っています。

そのためには、常に同僚の先生に積極的に学ぼうとすることです。先輩の先生に色々教えてもらおうとする姿勢が相手の共感を生み出します。報告、連絡、相談の頭文字をとって、「ほうれんそう」という言葉がありますが、中でもとくに「そう」の部分が大切です。

また、保護者の方にも愛されるには、たくさん情報を発信していくことです。学級通信や電話での連絡など、こちらから積極的に学校の情報を伝えていくことが大切です。悪い話だけではなく、よい話も積極的に伝えていくことが重要です。

とくに、

保護者の方に感謝する

という気持ちを大切にしましょう。

保護者の中には、とんでもない要求をされる方もいます。しかし、それはあくまでも一部にすぎません。

先生の応援団になってください

と私は4月のはじめにお伝えすることがあります。応援団を増やすことがとても大切だといえるでしょう。

学びを深めるために

『クラス全員がひとつになる学級ゲーム&アクティビティ100』
甲斐崎博史（著）
ナツメ社

PA（プロジェクトアドベンチャー）と呼ばれる体験的な活動を通して関係性を高めていく取り組みが多く紹介されています。明日から使える1冊です。

『学級集団づくりのゼロ段階―学級経営力を高めるQ-U式学級集団づくり入門』
河村茂雄（著）
図書文化

河村先生が取り組んでいるQ－Uや学級集団をいかに高めていくかについて学んでおくことは，学校現場に入ったときにとても役立つと考えています。とくにリレーション（関係性）について多くの示唆を与えてくださいます。

『よくわかる学級ファシリテーション1―かかわりスキル編―信頼ベースのクラスをつくる』
岩瀬直樹・ちょんせいこ（著）
解放出版社

具体的にどのように子ども達が関わっていけばよいかについて書かれています。実際の教室をイメージしながら読むこともできます。ファシリテーション（促進）のあり方から学級経営を考えることができる1冊です。

『子どもも先生も思いっきり笑える73のネタ大放出！』
中村健一（著）
黎明書房

笑いをつくり，関係性を高めていくにはどのようにすればよいか，具体的な取り組みが掲載されています。すぐ教室で取り組め，実践的な内容を学ぶことができます。

6章

学級の風土を育てるカルチャーを生み出す

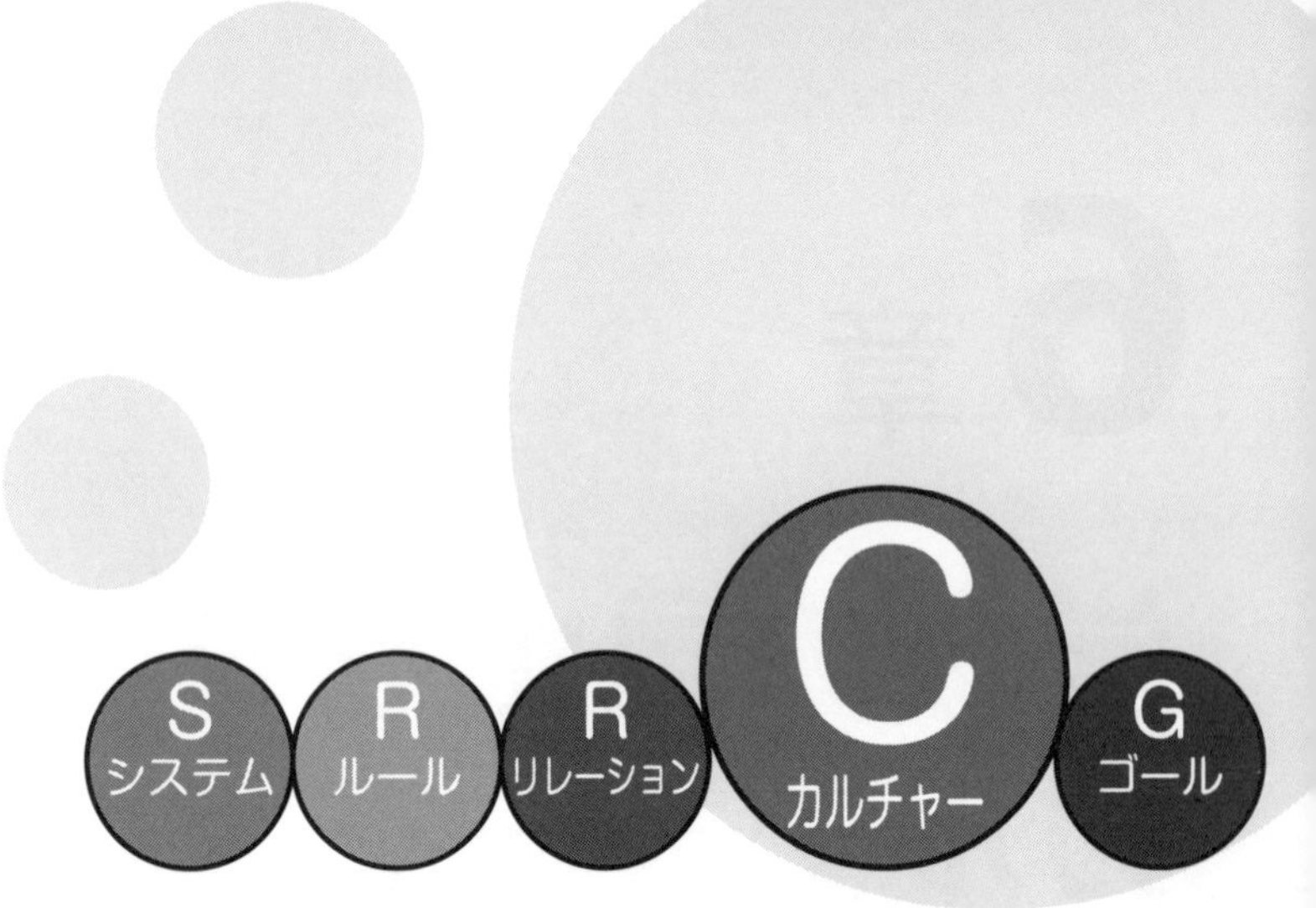

「学級に知的で楽しい文化をつくる」

このことが若い先生には今一番必要だと私は考えています。学級における知的な文化をつくる取り組みは、向山洋一先生を中心とした法則化運動をはじめ、多くの民間教育団体で行われ、主張されてきたことです。

では、なぜ、学級に知的で楽しい文化をつくることが大切か。それは、何より、子ども達が主体的になり、自分達で考え、話し合い、行動するからです。そうした活動を通して、ルールやリレーションをよりよくすることができます。まさに、カルチャーは、よりよい学級を創り出す上でとても重要なキーといえるでしょう。

たしかに、ルールやリレーションは大切です。しかし、今の日本の学級に一番必要なものはカルチャーではないかと思います。楽しく、知的な学級文化を創っていくことで、「明日も学校に行きたい」と思う子を育てていくことはとても大切なことではないでしょうか。

学級文化、風土をつくる

よりよい学級文化や学級風土をつくること

これは、若い先生にぜひしてほしいことです。もっと言えば、ベテランの先生にもしてほしいと思います。

学級のよりよい文化的風土はその集団の中の関係性や規範意識を生み出すことができます。逆にいじめなどの問題も、学級の中にカースト的な風土が内在し、関係性ができあがっていることが要因になります。

つまり、よりよい学級風土をつくることは、その集団の中にいる関係性や規範に大きく反映すると言え、児童生徒の主体性を高めることにつながります。そのため、集団に意図的に教師がアプローチし、知的文化を高めていくことによって、関係性や規範意識を高めたり、変えたりすることが可能になります。

では、どのようなことをすればよいでしょう。

それは、

学級で夢中になって楽しむ活動をする

ということです。
例えば、私は、以下のような取り組みをしています。

・係活動
・読み聞かせ
・自主学習
・お楽しみ会
・詩のボクシング
・百人一首

ポイントは、
子ども達の日々の楽しみをつくる
ことです。

まずは、係活動から

学級風土をつくるには、まず

係活動

から始めるのがよいでしょう。

理由としては、子ども達にとっても分かりやすく、取り組みやすいからです。

私は、

当番（一人一役）

- まど（まどの開け閉め）
- くばり（プリント類の配布）
- ならばせ（教室移動などの際の整列）
- 呼びかけ（席に座るなどの呼びかけ）
- 教科（各教科の準備など）

と、

係活動（好きな活動を一つ選んで取り組む）

・えんげき
・ざっし
・コント
・工務店
・マジック
・ホラー

などというふうに分けて取り組んでいます。

係活動は、一人ではできないということにしています。二人から四人程度で取り組み、活動したり、発表したりします。

子ども達には、

「クラスを楽しくさせるのが係活動だよ」

と話をしています。

たくさんもめたり、うまくいかなかったりしますが、そこから話し合ったり、協力し合ったりしていく中で主体性が身についていきます。

読み聞かせと聞く文化

読み聞かせは、クラスの中の知的な文化を育てるのにとてもよい方法です。

子ども達は読み聞かせをとても楽しみにしています。

最初は**絵本**の読み聞かせから始めましょう。

これは、学年に関係ありません。どの学年でも、中学生でも可能です。

また、絵本だけでなく、**小説**などを何ヶ月もかけて読み聞かせをすることも可能です。

私の場合は、ミヒャエル・エンデの『モモ』（岩波書店）を読み聞かせしたことがあります。

子ども達はとても興味、関心をもち、一生懸命聞いてくれました。また、読み聞かせの内容を通して、話題が広がることがあります。

こうした読み聞かせは、

聞く文化

を育てます。

聞くことは、聞くための技術やルールも必要ですが、何よりも相手を大切にするというところから始まります。相手や内容に興味や関心がなければ「聞く」ということはなかなかできません。

そのため、読み聞かせを行うことで、

「話を聞こう」


という文化が生まれてきます。

聞くことが学校教育では大きなウェイトを占めます。そのため、「聞く」という文化をつくることはとっても大切なことだと言えます。

お楽しみ会や学級会の大切さ

学級会や、クラス会議と呼ばれる方法で話し合いをするクラスが多くなってきました。
こうした活動をすることで、クラスでの意見集約や一体感を生み出すことができます。
ただし、学級会などの話し合い活動以外にもぜひ取り組んでほしいことがあります。
それは、

お楽しみ会

です。

お楽しみ会は、

準備する時間

準備するもの

を与え、

できるだけ自主的に、自分達でさせる、やりきらせる

ことがコツです。この場合、係活動が活躍します。

子ども達に計画を立てさせ、できるだけ自分たちで行わせます。

そして、

ゴールを明確にする

ということが大切です。

なぜ、お楽しみ会をするのか、お楽しみ会の目的は何かをよく考えさせます。

私のクラスの場合は、何よりも学級目標の具現化です。

ここにいつも立ち戻らせます。

また、子ども達だけでということも大切ですが、

見えないところでフォロー

することも忘れてはいけません。

「計画は進んでいる？」

「こうするといいよ」

と助言をしたり、代案を示してあげたりすることがお楽しみ会を成功させるための担任の役割です。

子ども達側の発信を見逃さない

子ども達は色々なものを教室に持ち込もうとします。

例えば、虫や動物といったものや新しい遊び、物まね、ゲームの話や芸能の話など……。

そうしたものに関心をもちましょう。

まず、こうしたものを

否定しない

ことがとても大切です。

ばっさり否定してしまえば、陰の文化をつくり出してしまいます。つまり、認められないという負の思いをもって文化を広げていくことになります。

しかし、「面白そうだな」と

関心をもつ

ことが、認め合う文化をつくり出すことになります。

また、興味や関心を子ども以上にもっておくことも大切です。

同時に

これ、何かに使えないかな

という意識も大切です。

初任の頃、カードゲームの要素を何とか使えないかと考えていました。

そこで、スーパーマーケットの品物の値札をもらい、算数の時間にカードゲームのようなものにしたことがあります。これは、数週間、子ども達の間で流行っていました。

子ども達の関心とこちら側の興味が一緒になっていくことが理想です。

そのためには、何よりも

子ども達から学ばなければいけない

と考えています。

子ども達の発信はＳＯＳのものもあります。

もちろん、こうしたＳＯＳはしっかり受け止める必要があります。

しかし、ＳＯＳ以外の興味や関心に関する発信も大切にしたいものです。

学習を文化に

私の尊敬する先生に、埼玉県の伊垣尚人先生がいらっしゃいます。

伊垣先生が書かれた本をぜひ読んでください。

伊垣先生の実践で素晴らしいことは、

自主学習を学級文化活動に変えている

というところです。

自主学習は、どちらかといえば、宿題であり、強制的にさせられるものになりかねません。

しかし、伊垣先生の実践は、

「やってみたい」「やりたい」と思い、クラスで高め合う文化

をつくり出していらっしゃいます。

これは、自主学習だけに限ったことではありません。

実は、

授業などの学ぶ活動は教室文化をつくっている

といえます。

一斉授業を志向すれば、一斉授業に応じたルールやシステムがはっきりとした学級文化になり、協同的な学びを志向すれば、協同的な学びに応じたリレーションやカルチャーを中心とした学級文化になると思います。

これはどちらかがよいというわけではなく、先生の授業観や授業のイメージが学級経営に大きな影響を与えているということです。つまり、授業は学級を創る上での一つの要因になるということです。

学級づくりのために授業を行い、授業のために学級づくりを行う

という姿勢が常に重要といえます。

学びを深めるために

『クラスづくりの極意―ぼくら，先生なしでも大丈夫だよ』
岩瀬直樹（著）
農山漁村文化協会
どのように学級文化をつくっていけばよいか，岩瀬先生の実践から学ぶことができる1冊です。遊びや関わりなど，多くの活動を通してクラスができていく過程を学んでほしいと思います。

『学級担任テーマブック パッと使える「学級文化活動」』
家本芳郎（著）
フォーラムA
学級文化活動について実践的な内容をまとめた本です。事例を多く知っておくことは現場に入ってからの教師の技を増やすことにつながります。

『全員を聞く子どもにする教室の作り方』
多賀一郎（著）
黎明書房
「聞く」という学級の文化をつくる上でとても大切なことを学べる1冊です。若い先生にもぜひ読んでほしいですし，本書でもとても参考にさせてもらいました。

『若いあなたがカスタマイズ出来る！7 向山型スキル・学級活動の授業パーツ100選』
谷 和樹（編集代表）
明治図書
パーツになっているので，多くの事例を知り，それを生かすことができます。教室に置いておき，使っていくという方法もあると思います。

おわりに

数年ぶりに教え子からはがきをもらったり、出会ったりすることがあります。彼らの成長した姿やその当時の思い出話に花が咲く時、

「担任をしていて本当によかったなあ」

と思います。

苦しい時もたくさんありますが、間違いなく、一年一年が思い出に残る仕事です。ぜひ、多くの先生に学級経営について学びを深め、素晴らしい実践をしてほしいと願っています。

また、学級経営をしていく上で授業はとても重要なキー（鍵）となります。ただ、今回は授業のことを書くと、視点が広くなりすぎると考え、あえて、学級をつくることにこだわって書いてみました。読まれた方はまた色々と教えていただければ幸いです。

さて本書の提案をしてくださった、明治図書の林　知里さんに心からお礼を申し上げます。ブログを読み、提案をしていただき、本当に感謝しています。なかなかうまく書けず、

泣き言を言っても許してくださいました。ありがとうございました。

多くの先生の支援があって本書を書き上げることができました。

谷口陽一校長先生をはじめ、職場の先生方、子ども達、保護者の皆さんに感謝していま す。とくに、初任者の視点から本書を書く上で多くのアイデアをくれた同僚の澤上大貴先 生に感謝いたします。教室や職員室での会話や対話を通して、教えられたことの方が大き かったです。多くの若い、初任者や講師の先生に役立つことができれば幸いです。

また、いつもながら校正や実践に大きな影響を与えてくださる、則武千裕先生をはじめ、 サークルの皆さんや多くの先生方に深く感謝いたします。

最後まで読んでいただき、ありがとうございました。

長瀬拓也

〈引用および参考文献〉

河村茂雄『学級集団づくりのゼロ段階　学級経営力を高めるQ－U式学級集団づくり入門』図書文化
『日本の学級集団と学級経営―集団の教育力を生かす学校システムの原理と展望』図書文化
日本サッカー協会『サッカー指導教本・DVD　2012D級コーチ』
吉永幸司『吉永幸司の国語教室』小学館
「教師のリフレクション（省察）入門　先生がステップアップするための教員研修」『授業づくりネットワークNo.8』学事出版
岩瀬直樹・甲斐崎博史・伊垣尚人（著）プロジェクトアドベンチャージャパン（監修）『プロジェクトアドベンチャーでつくるとっても楽しいクラス』学事出版
伊垣尚人『子どもの力を引き出すクラス・ルールの作り方』ナツメ社
『子どもの力を引き出す自主学習ノートの作り方』ナツメ社
『子どもの力を引き出す自主学習ノート　実践編』ナツメ社
野中信行『新卒教師時代を生き抜く心得術60―やんちゃを味方にする日々の戦略』明治図書
金大竜『日本一ハッピーなクラスのつくり方』明治図書
大前暁政『必ず成功する！学級づくりスタートダッシュ』学陽書房
安次嶺隆幸『すべては挨拶から始まる！「礼儀」でまとめる学級づくり』東洋館

堀裕嗣『学級経営10の原理・100の原則』学事出版
『生徒指導10の原理・100の原則』学事出版
岩瀬直樹『「最高のチーム」になる！クラスづくりの極意』農山漁村文化協会
赤坂真二『スペシャリスト直伝！学級を最高のチームにする極意』明治図書
『小学校高学年女子の指導―困ったときの処方箋』学陽書房
家本芳郎『〝教育力〟をみがく』子どもの未来社
陰山英男・徹底反復研究会『徹底反復で子どもを伸ばす―徹底反復研究会実践集』日本標準
菊池省三『小学校発！一人ひとりが輝くほめ言葉のシャワー』日本標準
中村健一『エピソードで語る教師力の極意』明治図書
『担任必携！学級づくり作戦ノート』黎明書房
『子どもも先生も思いっきり笑える73のネタ大放出！』黎明書房
上條晴夫『ベテラン教師が教える　目的別　スグでき！学級あそびベスト100』ナツメ社
甲斐崎博史『クラス全員がひとつになる学級ゲーム&アクティビティ100』ナツメ社
佐藤正寿（著）家本芳郎（監修）『おいしい！授業―70のアイデア&スパイス　小学校３・４年』フォーラムA

【著者紹介】

長瀬　拓也（ながせ　たくや）

1981年岐阜県生まれ。

岐阜県立中津高等学校，佛教大学教育学部教育学科卒業。横浜市立小学校教諭，岐阜県公立中学校教諭を経て，現在，岐阜県公立小学校教諭。

専門は，学級組織論，教育方法学，社会科教育。

高校生の時，中学校教員だった父親が白血病で他界し，教師になることを決意する。NPO 法人授業づくりネットワーク理事，教育サークル「未来の扉」代表代行，クラス・マネジメント研究会代表。2004年に「わたしの教育記録」（日本児童教育振興財団）新採・新人賞を受賞。主な著書に『新版　若い教師のための読書術』（学事出版），『教師のための時間術』『誰でもうまくいく！普段の楽しい社会科授業のつくり方』（黎明書房），『学級経営・授業に生かす！教師のための「マネジメント」』（明治図書，編著）『THE 教師力～若手教師編～』（明治図書，共著）などがある。

イラスト：イクタケマコト

ゼロから学べる学級経営

—若い教師のためのクラスづくり入門—

2014年2月初版第1刷刊　©著　者　長　瀬　拓　也

2014年11月初版第5刷刊　発行者　藤　原　久　雄

発行所　明治図書出版株式会社

http://www.meijitosho.co.jp

（企画・校正）林　知里

〒114-0023　東京都北区滝野川7-46-1

振替00160-5-151318　電話03(5907)6702

ご注文窓口　電話03(5907)6668

＊検印省略　組版所　株式会社アイデスク

Printed in Japan　ISBN978-4-18-119317-1